KB143545

# 몰입의 완성

# 몰입의 완성

### 당신의 꿈과 실행의 격차를 메워줄 30일 몰입 특급 솔루션

캐리 오버브루너 지음 | 이소영 옮김

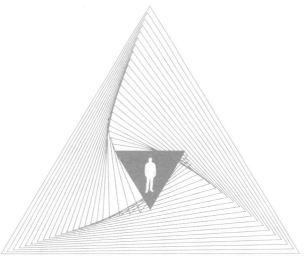

# Unhackable

현대
지성

가슴속에 자신의 노래를 품은 채로 죽은 사람이 많다.
그들에게는 더 이상 기회가 없다.
하지만 당신에게는 있다.

# 추천사

카톡 창에서 반가운 사람과 대화할 때,
좋아하는 유튜버의 영상이 올라올 때,
주식이나 코인 시세를 뚫어지라 쳐다볼 때…
그렇게 스마트폰을 만질 때마다 우리에게서 에너지가 빠져나간다.

그 에너지를 모아 당신의 꿈을 이루어가는
가장 구체적인 방법이 책을 통해 펼쳐진다.

몸을 움직이면 근육이 생기고, 뇌를 움직이면 몰입이 생기듯,
이 책은 어떻게 당신의 마음에
다시 불씨를 지필 수 있을지를 정확하게 짚어준다.

꿈은 크지만, 그 꿈을 일상에서 어떻게 펼쳐갈지 막막했던
나를 위한 체계적인 멘탈 훈련들이 맞춤형 PT처럼 잘 짜여있으니
하루 한 스텝씩 따라가기만 하면 된다.

나는 이 책을 두 번 읽었다.
한 번은 과거의 나를 놓기 위해.
또 한 번은 미래의 나를 보기 위해.
비록 내 주변은 달라진 게 없어도
중심으로부터 나를 바꾸는 놀라운 책이다.

**정주영** _ 베스트셀러 『하버드 상위 1퍼센트의 비밀』 저자

저자는 세계에서 가장 높은 성과를 내는 사람들이 매일 사용하는 비결을 파헤친다. 이 책을 당신의 삶을 업그레이드하는 지침서로 삼아라!

**리언 도리스** _ 플로우 리서치 컬렉티브 공동 설립자

『몰입의 완성』은 사람들이 자신도 모르게 몇 년, 수십 년 혹은 평생 의도했던 경로를 벗어나는 이유를 알려준다. 이 책을 빨리 읽고 그 방황을 벗어나 당신만의 길을 거침없이 가길 바란다.

**벤저민 하디** _ 『최고의 변화는 어디서 시작되는가』 저자

단지 우리 머릿속에만 머물러 있으라고 꿈이 주어지는 게 아니다. 『몰입의 완성』은 방해 요소에 휘둘리지 않고 꿈을 이루게 해주는 가장 실용적인 과정을 보여준다.

**마크 배터슨** _ 『뉴욕 타임스』 선정 베스트셀러 작가

『몰입의 완성』은 잠자던 꿈을 깨우고 그 꿈을 체계적으로 현실화하는 동기와 방법을 제공한다. 저자는 자기 경험을 아낌없이 풀어내며 목표를 성취하도록 돕는다.

**스킵 프리처드** _ 『월스트리스 저널』 선정 베스트셀러 작가

멘탈해킹에서 자유로워지지 않고는 인생 혹은 사업에서 자신이 원하는 위치에 오를 수 없다.

**마이크 쾨닉스** _ 창업가, 작가이자 연설가

성공한 운동선수와 높은 성과를 거둔 사람들을 관찰해보면 공통적으로 멘탈을 단단히 유지하는 방법을 알았다. 일과 삶에서 멘탈해킹을 차단하려면 일부러 괴로움을 선택할 수 있어야 한다. 이 책은 그곳에 도달하는 방법을 안내한다.

**톰 라이언** _ 오하이오 주립대학 내셔널챔피언십팀 레슬링 수석 코치

저자는 거대 IT 기업들로부터 정신을 보호하는 법을 이 책에서 알려준다.

**짐 에드워즈** _ 『카피라이팅의 비밀』(Copywriting Secrets) 저자

세상의 혼란을 막아내는 사람을 앞으로는 '해킹할 수 없는 사람들'이라 부를 것이다. 세상을 바꾸려는 마음이 있다면 이 책을 꼭 읽어봐야 한다.

**폴 브런슨** _ 『USA 투데이』 비즈니스 칼럼니스트

삶에 무력감을 느끼고 만족하지 못한다면, 당신은 해킹당했을 가능성이 높다. 『몰입의 완성』은 당신의 시간, 에너지, 삶을 되찾게 하는 변화를 이끌어내는 청사진이다.

**존 지건티** _ 팟캐스트 제작자

누구나 과거의 트라우마, 사회가 주입한 관념, 일상의 방해 요소를 극복하는 데 많은 집중력과 에너지가 필요하다. 캐리는 이 핵심 신념을 되찾아 성장 기반으로 만드는 법에 관해 훌륭한 로드맵을 제시한다.

**브렛 코프먼** _ 《그래비티》(Gravity) 팟캐스트의 진행자

# 목차

**1부**

## 영웅의 여정을 시작하며

**2부**

## 완벽한 아이디어는 어떻게 얻는가

"아이의 삶에서 가장 해로운 게 뭐라고 생각해?"

친구가 던진 이 질문에 나는 뭐라고 이야기해야 할지 몰랐다. 스위스의 저명한 심리학자 칼 융에 따르면 그 답은 "부모의 이루지 못한 삶"이다.

이 사실을 곱씹다 보면 또한 질문 하나가 떠오른다.

"어째서 우리는 이토록 의도하지 않은 목적지에 이르는 것일까?"

헨리 데이비드 소로를 좀 흉내 내면, 왜 대부분 "희망의 노래를 가슴 속에만 품은 채로 조용히 절망 속에서 살다가 죽는" 것인가?

정답은 간단하다.

해킹을 당했기 때문이다!

해킹? 융은 스마트폰이나 컴퓨터를 사용한 적도 없잖아. 하지만 나 역시 눈을 뜨고 나니 이에 대한 증거가 매일 쌓였다. 자신도 모르는 사이 해킹당하는 세상이 보였다.

출판사 CEO인 나는 천 명이 넘는 사람이 책을 쓰기 시작하는 모습을 지켜봤다. 수십 년 동안 책을 내겠다는 꿈을 간직해온 사람들이었다. 심지어 꿈을 이루는 데 필요한 도구, 시간, 능력도 갖추었고, 곁에서 단계별로 그 과정을 돕는 사람도 있었다.

하지만 몇 개월 뒤, 꿈을 실천할 때가 되면 많은 이가 거의 진전을 보지 못한 채 끝난다. 창작의 고통이 원인일 수도 있으나 진짜 문제는 그것이 아니라는 것을 모두 안다.

그들 역시 해킹을 당했기 때문이다!

살을 빼거나, 언어를 배우거나, 허브 정원을 가꾸길 원하는 사람도 흔히 겪는 이야기다. 꿈을 꾸는 사람에게는 간절한 목적이 있지만 실천하는 도중에 흐지부지된다. 날씨, 경제 또는 옥수수 칩과 살사 소스를 발명한 사람을 탓해보지만, 진짜 범인은 따로 있다.

바로 '해킹 공격' 때문이다.

어쩌면 당신 탓이 아닐지도 모른다. 누군가 혹은 무언가가 당신을 해킹했을 수도 있다. 생각과 실천의 격차를 좁히려면 위대한 성취자들이 갖춘 비밀 무기가 필요하다. 나는 이 무기를 '해킹 차단력'Unhackability이라고 정의했다.

이 책은 장이 없고 날짜만 적혀 있다. 한 번에 하루 치를 소화하도록 되어 있다. 한꺼번에 여러 날 분량을 읽어도 괜찮다.

팁을 하나 더하자면 '해킹 차단'은 양파와 비슷하다. 즉, 여러 겹으로 이루어져 있다. 겉만 훑어봐도 어느 정도는 도움이 되지만, 한 겹씩 벗겨내며 깊이 파고들면 진정으로 해킹당하지 않는 존재로 성장할 수 있다. 각 날짜의 끝에 있는 질문과 단계별 행동 지침을 살펴보라. 내용을 현실로 만든다는 의미에서 '격차 메우기'로 부르기로 했다.

이제 해킹당하지 않는 존재가 되는 길로 당신을 안내하려 한다. 이어지는 '해킹 차단력 검사'로 첫걸음을 내디뎌보라. 자신에 대해 더 많이 알고, 자신의 '해킹 차단력' 점수도 확인해볼 수 있다.

## 해킹 차단력 검사

'해킹 차단력 검사'는 최소한 두 번 실시할 것이다. 처음에는 이 책을 시작하면서 한 번, 마무리할 때쯤에 한 번.

이 책을 잘 따라간다면 당신은 이런 삶을 살 수 있다.

- 내 꿈이 해킹당하는 영역 확인
- 나만의 장점 파악
- 내가 가진 최고의 아이디어 실현
- 초인적인 집중을 위해 숨겨진 능력 활용하기
- 업무 및 생활에서 생산성 500% 높이기

아래 사이트를 방문해 무료 검사에 참여하고, '해킹 차단력' 1차 점수를 받아보라.

# UNHACKABILITY
## ASSESSMENT
UnhackableBook.com

## 저자 서문

심장이 마구 뛰고 아드레날린이 솟구치는 순간, 침대에서 몸을 벌떡 일으켰다. 깜깜했지만 옆에서 곤히 잠든 아내의 윤곽이 보였다. 혼란에 빠져 몽롱한 상태로 이마를 만져보니 열기가 있었다.

2014년 10월 8일, 한밤중에 나는 꿈에서 막 깨어났다. 가쁜 숨을 몇 차례 몰아쉰 뒤 꿈이었음을 깨닫고는 다시 누워 잠들었다. 다음 날 휴대폰을 찾아 메모장을 켜고 기억나는 내용을 최대한 끄집어내 정확히 열두 줄 분량의 글을 빠르게 적어 내려갔다.

그리고 그 열두 줄이 내 삶을 영원히 바꿔놓았다.

나는 이 메모에 '묘약 프로젝트'Elixir Project라는 이름을 붙였다. 내 꿈은 아무도 상상하지 못한 방식으로 해킹당할 위험에 처한 상황을 전제로 했다. 이러한 내용은 하나의 생각에서 시작되었지만, 2년 후 2016년에 출간한 청소년 대상의 SF 소설로 이어졌다.

어떻게 보면, 2014년 10월에 꾼 그 사소한 꿈 덕분에 나는 완전히 새로운 세계에 눈을 떴다. 그때까지만 해도 대부분 사람과 마찬가지로 어둠 속에서 자라나며 우리 모두를 조용히 감염시키는 '디지털 음모'에 빠져 그야말로 잠들어 있었다.

처음 소설을 쓰기 시작할 때는 그 자리에서 완성되리라 생각했다. 그러나 조금 더 깊이 파고들자 앞으로 탐사해야 할 굴이 상상했던 것보다 훨씬 더 깊다는 사실을 깨달았다.

그래서 6년 동안 신경생물학, 생산성, 예술, 과학, 기술, 운동, 군사, 비즈니스 등 여러 학문 분야에 걸친 종합적 연구에 뛰어들었다. 우선 전문가들과 고전을 파고들었다. 공상과학 소설과 과학적 사실의 경계가 빠르게 모호해졌다. 마침내 빠진 퍼즐 조각이 제자리에 맞춰지며 지금 소개하고 나중에 자세히 설명할 패러다임이 탄생했다.

이 패러다임은 '멘탈해킹 차단 프로세스'Unhackable Circle©라고 불리며 "아이디어, 집중, 몰입"이라는 세 가지 요소로 구성된다. 이것은 내가 세상을 바라보던 방식을 바꾸었고, 나는 연구 결과를 '이그나이팅 소울스 트라이브'Igniting Souls Tribe라는 글로벌 커뮤니티에 공유했다.

구성원들은 각자 상황에 맞춰 내 모델을 적용해보았다. 이들은 인구통계학과 심리통계학 관점에서 매우 다양한 집단을 대표했다. 출신도 수십 개국이었으며 베이비붐 세대부터 밀레니엄 세대, 화이트칼라부터 블루칼라까지 거의 모든 분야에 걸쳐 있었다. 각자의 배경과 관계없이 결과는 나만큼 인상적이었다.

잠시 후 그들이 직접 전하는 이야기를 들을 것이다. 자세한 내용은 다르지만 줄거리는 묘하게도 익숙하다. 모든 사람이 자기 역시 해킹을 당해왔다는 사실에 눈을 떴다.

이 책의 나머지 부분에서는 구체적인 방법, 즉 완벽한 아이디어를 창출하고 초인적인 집중력을 발휘하며 몰입을 통해 최상의 수행력을 달성하는 길을 소개하겠다.

가려져 있던 진실을 만날 준비가 되어 있는가?

# 1부

# 영웅의 여정을
# 시작하며

베일을
벗다

**1일**

# 관심

## 내 이야기 쓰기

*들려주고 싶은 삶을 살아라.*
**작자 미상**

카펫이 깔린 계단을 내려가 지하실로 들어갔다. 토요일 이른 아침이었기 때문에 아내와 아이들은 아직 자고 있었다. 나는 오디오북을 들으면서 실내용 자전거를 탈 계획이었다.

그런데 왼쪽으로 도는 순간 멈춰 서고 말았다. 평범한 흰색 문 대신 꼬불꼬불하게 감긴 분홍색 장식용 끈이 보였다. 문 앞을 가로지르는 밝은색 표지판에는 까칠한 경고 문구가 있었다.

여자만 입장 가능!

위험을 각오하고 들어올 것.

암호 필요.

두 딸이 새로 꾸민 '놀이방'에서 토요일 대부분 시간을 보내기로 한 사실을 깜빡했던 것이다. 암호를 몰랐기 때문에 미로처럼 놓인 장애물 사이를 통과해 조심스럽게 안으로 들어간 뒤 내 자전거로 다가갔다. 아이들은 이 따분한 공간을 동물원, 우주선 등 아이들이 상상하는 장소로 탈바꿈시켰다.

### 단순했던 일상을 기억하는가?

솔직히 말해보자. 우리 삶은 어렸을 때 참 단순했다.

적어도 꿈에 대해서만큼은 명확했다. 보통 오후가 되면 상상은 현실이 되곤 했다. 하지만 우리는 어느새 어른이 되었고, 모든 것이 바뀌었다. 이제 우리는 꽉 찬 메일함과 일정 빼곡한 달력, 글로벌 주요 뉴스, 미미한 수익 속에서 살고 있다.

확실히 삶에 대한 통제권을 잃어버렸다.

누군가가 혹은 다른 무언가가 우리 삶을 굴리고 있다. 이 사실을 너무나 똑똑히 느끼고 있기에 아무도 이를 알려줄 필요도 없을 정도다. 삶이 우리에게 '일어나는' 것이지 우리가 삶을 '일으키는' 게 아니라는 것도. 그래서 우리는 더 편하다는 이유로 자동 조종 모드를 켜놓고 살아간다. 적어도 생각할 시간이 거의 없을 때는 스스로 그렇게 변명한다. 우리는 어쩌다 보니 삶에 안주해 '생각할' 시간이 없다.

우리는 가장 중요한 일을 젖혀두고 다른 일에 정신이 팔려 있다. 안타깝게도 이런 산만한 삶은 결코 의미 있는 삶을 만들어내지 못한다.

대부분의 아이디어는 실행되지 못한 상태다. 이루지 못한 꿈은 폭우에 흠뻑 젖은 두툼한 코트처럼 우리 어깨를 무겁게 짓누른다. 우리는 이런 무력함을 바쁜 생활, 방해 요소, 번아웃 등 여러 요인이 작용한 탓으로 돌리지만, 진짜 원인은 그 모두를 합친 것보다 심각하다.

우리가 아이디어를 실행하지 못하는 이유는 "해킹을 당했기" 때문이다.

## 나쁜 소식부터 전하자면

사실, 당신은 전쟁이 벌어지는 한복판에 있으면서도 그 사실을 자각조차 못하고 지나치고 있다.

진실을 말하자면, 당신은 몇 분 뒤 해킹당할 것이다. 아마도 이 페이지를 다 읽기도 전에 말이다. 지금 이 순간 실시간으로 해킹을 당할 수도 있다. 컴퓨터, 전화, 휴대폰, 은행계좌를 말하는 것이 아니다. 내가 말하는 해킹은 앞서 말한 해킹 모두를 합친 것보다 피해가 크다.

바로 우리 뇌가 그 대상이다.

굉장한 아이디어를 떠올린 적이 있는가? 대부분은 꿈을 현실로 만들 생각에 들떠 시작한다. 하지만 일이 터진다. 어느 순간 실천을 뒷전으로 미루고, 아이디어는 관심 밖으로 밀려난다. 관심이 딴 데로 갔을 수도 있고, 집중력이 흐트러졌을 수도 있다. 당신만 이런 경험을 하는 건 아니다.

해킹이란 간단히 말해 누군가 또는 무언가가 시스템이나 컴퓨터에 무단으로 침입하는 행위를 뜻한다. 보통 해킹 대상으로 전자기기를 떠올리지만, 인간 역시 해킹을 당한다. 우리 몸은 호흡 계통, 순환 계통, 소화 계통, 면역 계통을 비롯한 여러 계통으로 이루어져 있으며, 뇌는 슈퍼컴퓨터처럼 작동한다. 상황은 우리에게 불리하게 돌아가며 팔을

뻗으면 닿는 거리에 온갖 유혹이 도사리고 있다.

- **스마트폰이 우리를 해킹한다.** 통계마다 차이가 있으나, 디스카우트<sup>dscout</sup>(미국 리서치 기관—옮긴이)가 실시한 조사에 따르면 사람들은 스마트폰 화면을 하루 평균 2,617번 터치한다.[1] 사용 빈도가 높은 사람들은 5,427번이나 된다. 이 중 절반 이상은 스마트폰을 30초 이내로 사용하며, 이런 시간은 하루 전체에 걸쳐 분포한다.

- **멀티태스킹이 우리를 해킹한다.** 멀티태스킹, 더 적절한 말로 스위치태스킹 switch-tasking(두 가지 이상의 일을 번갈아가며 처리하는 방식—옮긴이)은 생산성을 최대 40%까지 떨어뜨린다. 『포브스』에 따르면 "전자매체를 이용한 멀티태스킹은 대마초 흡연보다 아이큐를 더 크게 감소시킨다".[2] 멀티태스킹은 근거 없는 믿음이다. 뇌는 한 번에 하나의 인지 활동만 할 수 있다.

- **소셜 미디어가 우리를 해킹한다.** 미국인은 하루에 두 시간 이상을 소셜 미디어에 소비하며, 대부분 계획되지 않고 업무를 중단시키는 짧은 시간 조각들이다.

- **동영상 스트리밍이 우리를 해킹한다.** 릴앤릴<sup>ReelnReel</sup>(동영상 마케팅 회사—옮긴이)에 따르면 인류는 넷플릭스 동영상 시청에 매달 110억 시간을 소비한다.[3]

- **광고가 우리를 해킹한다.** 『뉴욕 타임스』에 따르면 사람들은 하루 평균 5천 개의 광고를 본다.[4]

- **의사결정에 따르는 피로가 우리를 해킹한다.** 코넬 대학교 연구팀은 사람들이 하루 평균 226.7번 음식을 고른다는 사실을 알아냈다.[5] 이것은 보통 사람이 매일 내리는 3만 5천 개의 다른 결정을 고려하지 않은 것이다. 이 과도한 결정은 우리 에너지를 고갈시키고 초점을 다른 곳으로 돌려놓는다.

단단히 각오하라. 지금까지 본 것은 아무것도 아니다. 과학기술의 발전으로 정보량은 열두 시간마다 두 배로 늘어난다. 중요한 것을 놓칠지도 모른다는 두려움<sup>fear of missing out(FOMO)</sup>은 나이를 가리지 않고 모두를 매 순간 디지털로 연결되게 한다.

하지만 그에 대한 대가는 어떠한가?

첨단 웨어러블 기기와 스마트 알약 등 삼킬 수 있는 기기에 대한 투자가 꾸준히 증가 중인데, 해결책을 도입하지 않는다면 머지않아 우리 세대의 피해는 불보듯 뻔하다.

## 그들은 '관심'이라는 자산을 원한다

당신이 곧 상품이 되는 관심경제<sup>Attention Economy</sup>의 세계에 온 것을 환영한다. 이러한 디지털 환경에서 기업들은 사람들의 눈과 귀를 얼마만큼 사로잡는지를 기준으로 점수를 매긴다. 우리 관심에는 얻기 위해 기꺼이 싸운다. 더는 현금을 추적하지 않는다. 구매 결정에 앞서 무엇이 먼저 오는지 그들은 알고 있다.

바로 당신의 관심이다.

'관심을 두다'가 영어로 'pay attention'인 데는 이유가 있다. 기업, 정치인, 심지어 비영리단체도 우리의 관심에는 경제적 가치가 있다는 사실을 알고 있으며, 시장점유율을 높이기 위해서라면 뭐든 할 것이다. 소셜 미디어는 좋아요, 조회, 공유, 구독자, 댓글 수로 돌아간다.

계량적 분석은 각기 다르지만, 전략은 다르지 않다. 우리 주의를 다른 데로 돌리거나 정신을 흐트러뜨릴 수만 있다면 그들이 승리하도록 시스템이 짜여져 있다. 우리 계획을 막거나 방해할 수 있다면 성공이다. 이는 자기 심리 상태를 바꾸기 위해 다양한 자원을 소비하는 '변성 상태 경제'Altered States Economy 와도 연결되어 있다. 『불을 훔친 사람들』의 저자 스티븐 코틀러와 제이미 윌의 연구에 따르면 변성 상태의 경제 규모는 4조 달러에 달한다. 역설적이게도, 우리는 해킹을 '당하기로' 선택하고 있으며 이를 위해 비용을 지불하는 셈이다.

하지만 그렇게 해킹을 당하면 돈보다 더 비싼 대가를 치러야 한다. 소비자로서 역할에만 만족하면 자신의 천부적 운명을 실현하지 못한다. 이메일의 '받은편지함'을 확인해보라. 그 안에는 끝없는 초대와 의무사항은 물론이고 참여해야 하는 다음 회의, 완수해야 하는 다음 프로젝트, 예약 일정 등 내 삶에 대해 다른 이들이 짜놓은 계획들이 들어차 있다.

다행히도 더 나은 세상으로 이끌어줄 더 나은 방법이 있다. 신경생물학, 생산성, 예술, 과학, 기술, 운동, 군사, 비즈니스 등 여러 분야에 걸친 종합적 연구를 통해 나는 곧 모든 아이디어 성취 뒤에 존재하는 확실한 묘약에 대해 보여줄 것이다. 위대한 성취를 꿈꾸는 사람이라면 누구나 이 비밀 무기를 사용할 수 있게 할 것이다.

"아이디어가 세상을 바꾼다"라는 말은 틀렸다. '실현한' 아이디어만 세상을 바꿀 수 있다. 이 두 명제는 엄청난 차이가 있다. 앞으로 이 책에서는 생각과 실천의 간극을 좁혀주는 입증된 과정을 소개하면서 독자들이 자연스럽게 꿈을 실천할 만한 준비가 되게 할 것이다.

## 기쁜 소식이 있다

해킹당하지 않는 존재가 되면 이런 점이 달라진다.

## 생산성

지난 며칠 동안 저도 모르게 일에 몰두해 있었어요. 엄청난 양의 두 번째 책 집필을 마쳤고, 집도 깨끗이 청소하고 정리했어요. 게다가 평소라면 감당하기 힘들었을 다른 두 프로젝트도 잘 진행하고 있답니다. 이제 겨우 3일 차인데 생산성이 놀랄 정도로 높아졌어요.

_작가 겸 편집자, 너넷 오닐

이번 주 내내 몰입 상태에서 정말 많은 일을 해냈어요. 믿기지 않네요.

_교사, 태니샤 윌리엄스

## 성취감

그동안 내내 해킹을 당해왔고, 그래서 진정한 잠재력을 발휘하지 못했다는 사실을 깨닫고, 처음에는 눈물이 났어요. 하지만 이제 원하는 바를 이룰 수 있다는 기쁨에 벅찹니다.

_연설가, 스콧 에켈버그

86년을 살면서 지금처럼 완전히 살아 있다고 느껴본 적이 없어요.

_은퇴자, 팻 가노

## 집중력

이 과정에 정말 감탄했어요! 매일 실천법은 진짜 효과가 있어요. 제 꿈이 점점 더 명확해지고 있고요. 평소처럼 갇혀 살면서 이 방법을 적용하지 않았더라면 무엇을 놓쳤을지, 생각만 해도 아찔합니다.

_대학교수, 웬디 젠트리

**여유**

집중 방해 요소를 줄이려고 이메일 구독 목록 절반을 해지했어요. 페이스북 그룹 24개 중 12개, 멤버십 사이트 5개 중 3개를 탈퇴하고 이메일 주소 목록 151개 중 105개를 삭제했어요. 홀가분해요!

_도시 토목기사, 제프리 크레이머

이 과정은 자아를 성찰하고 해방합니다. 제 뜻과 맞지 않는 것에서 벗어나 지난 한 달을 보냈어요. 이 경험이 방향을 잃고 헤매는 저를 붙잡아주었지요.

_변호사, 바버라 리틀스

## 이야기 뒤에 숨겨진 과학

생산성, 성취감, 집중력, 여유… 이 네 가지는 시작에 불과하다. 앞으로 더 많은 일이 생길 것이다.

'해킹 차단력' 뒤에 숨겨진 과학을 언급하기 전에 월트 디즈니의 일화를 살펴보자. 1955년 7월 17일, 그는 디즈니랜드의 모토를 '지구에서 가장 행복한 곳'이라고 발표했다. 이 회사는 수년 동안 "꿈이 실현되는 곳"이라는 슬로건을 채택했다.

그렇다면 디즈니랜드는 둘 중 어디일까? 지구에서 가장 행복한 곳일까, 아니면 꿈이 실현되는 곳일까? 생화학과 심리학에 근거하면 둘 다 맞다!

티머시 파이킬Timothy A. Pychyl은 미국 심리학 전문지 『사이콜러지 투데이』(Psychology Today)에 실린 「목표 진행과 행복」이라는 기사에서 이렇게 말했다.

심리적 행복을 발전하고 유지하는 데는 의미 있는 목표를 성공적으로 추구하는 일이 중요한 역할을 한다. 목표를 향해 나아가고 있는 한 감정적으로 더 행복을 누리고 삶에 더 만족한다.

행복은 꿈꾸던 삶을 살고 목표한 바를 이룰 때 생기는 부산물이다. 그리고 불행은 해킹을 당해 아이디어를 실현하지 못할 때 생기는 부산물이다.

하버드 출신 연구원이자『행복의 특권』의 저자 숀 아처는 그 이유를 이렇게 설명한다. "행복은 단순히 좋은 기분을 느끼는 것이 아니라 우리의 잠재력을 발현하려고 노력하는 데서 오는 기쁨이다."

더 깊이 들여다보면 우리는 모두 꿈을 꾸고 행동하도록 타고났음을 알 수 있다. 우리는 매일 목표를 알고 그 목표를 향해 나아갈 때 기분이 좋아진다.

**아이디어 발상 ──────▶ 실현**

하지만 해킹을 당하면 정신적, 정서적으로 괴로움을 겪는다. 해킹을 당하는 일이 반복된다면 우울감에 빠지거나 건강에 해로운 대응 기제를 택하게 된다.

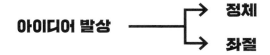

**아이디어 발상 ──────▶ 정체**
**           ▶ 좌절**

계속 방해를 받는 한 끝없이 반복되는 불안의 악순환에서 벗어나지 못할 것이다. 최신 뉴스 피드나 소셜 미디어 채널을 넘겨본다고 고통이 사라지지는 않는다.

우리는 무언가 잘못되었다는 것을 알고 있다. 이러한 이야기를 영화와 음악에서 항상 보고 듣는다. 우리는 더 많은 것을 이루어낼 운명을 지니고 태어났지만, 이 운명을 현실로 만들 방법에 대해서는 무지한 상태다.

## 생각보다 무거운 단어

아브라카다브라Abracadabra는 아버지, 아들, 영혼을 뜻하는 세 개의 히브리어 단어로 이루어져 있다. 아브라카다브라는 "말하는 대로 창조하리라"라는 의미이며 보통은 "말한 대로 이루어지리라"라고 번역된다. 마법 같은 일을 이루고 싶을 때 자주 이렇게 말했다. 내 부모님이 어릴 적에 쓰던 단어이자 그들의 부모님이 어린 시절 쓰던 단어이기도 하다. 사실, 이 단어는 수천 년 동안 여러 세대를 거쳐 전해져 내려왔다. 우리는 이 단어를 무슨 뜻인지도 모르고 사용했다.

우리는 어릴 때 아이디어와 그 실현 사이에 간극이 없길 갈망했다. 정신을 지배하는 생각과 가슴에 박혀 있는 꿈을 말하고, 그 꿈이 현실이 되길 원했다. 하지만 아브라카다브라는 단지 상상에 기반한 주문만은 아니었다.

## 초점이 향하는 곳으로 에너지는 흐른다

오늘날 우리는 세상에서 자기 위치를 거짓으로 믿게 만드는 이야기를 듣는다. 대개 다음과 같은 말들이다.

- … 때문에, 난 그럴 만한 자격이 없어.
- … 때문에, 난 그런 특별한 사람이 아니야.
- … 때문에, 난 항상 그 일을 잘 못했어.
- … 때문에, 아무도 내 말을 듣지 않을 거야.

안타깝게도 이런 이야기들이 우리의 가능성을 막는다. 해킹당하지 않는 존재가 되는 길을 논의하기도 전에 우리는 예전 이야기를 그대로 반복할지도 모른다.

- … 때문에, 난 항상 다른 데 정신이 팔려.
- … 때문에, 난 항상 목표를 이루기 전에 그만둬.
- … 때문에, 난 절대 꿈을 이루지 못할 거야.
- … 때문에, 난 항상 해킹을 당할 거야.

지난 20년 동안 수천 명을 관찰하면서 인간은 이상한 행동을 한다는 사실을 깨달았다. 예를 들어, 더 생산적으로 시간을 쓰고 목표에 집중하고 싶다고 말한다. 더 큰 성취감을 느끼고 더 많은 여유를 누리는 삶을 꿈꾼다. 그런 다음에 "자신은 왜 그렇게 살 수 없는지" 스스로를 설득하는 데 많은 시간과 에너지를 쏟고 있었다.

사실 우리는 원하는 바를 얻는 것이 아니라 옳다고 생각하는 바를 얻는다. 왜 그럴까? 그 이유는 "초점이 향하는 곳으로 에너지가 흐르기" 때문이다. 바라는 일이 왜 이루어지지 않을지 초점을 맞추다 보면, 욕망을 이룰 수 없는 이유를 찾는 데 에너지와 감정을 낭비한다. 창조적인 힘을 비생산적인 생각과 행동에 기울여 자신에게 불리한 환경을 만든다.

습관 행동을 갑자기 그만둔다고 해서 악순환이 멈추지는 않는다. 나쁜 습관을 버리려고 애쓰는 대신 나쁜 습관을 좋은 습관으로 대체해야 한다. 이것이 생산적인 행동을 불러온다. 새 이야기를 만들 능력을 기르는, 간단하지만 강력한 훈련을 소개하며 첫째 날을 마치겠다.

### 지금까지는

옛이야기를 부정하는 것은 헛된 노력에 가깝다. 개인적인 역사를 무시하려 할수록 거짓을 사실로 받아들이려고 할 때처럼 진실하지 않다고 느끼기 때문이다. 따라서 과거를 잊으려 하기보다는 새로운 미래를 위한 공간을 마련하는 게 좋다.

멘토 한 명이 이를 가능하게 하는 효과적인 한 마디를 소개했다. 바로 '지금까지는'이다. 지금은 인상적으로 들리지 않겠지만 실제로 사용해보면 마법 같은 힘을 느낄 수 있다. 다음에 스스로 원치 않았던 이야기를 할 때 '지금까지는'을 앞에 붙여보자. 예를 들면, 이런 식이다.

- 지금까지는 … 아이디어를 실현하지 못했어.
- 지금까지는 … 다른 데 정신이 팔렸었어.
- 지금까지는 … 항상 집중을 잘 못했어.
- 지금까지는 … 항상 목표를 이루기 전에 그만뒀어.

- 지금까지는 … 꿈을 이루지 못했어.
- 지금까지는 … 항상 해킹을 당했어.

이 말을 붙이면 머릿속을 맴도는 예전 이야기를 무의식적으로 반복하거나 과거에 붙들려 살아가지 않고 이야기를 새롭게 바꿀 수 있다. 이 말은 과거에 자신을 해킹했던 자기태만적self-sabotaging 사고를 물리치기 위한 무기이기도 하다.

'지금까지는'이라는 말은 우리가 새로운 이야기를 쓸 수 있게 해준다. 단순한 삶을 사는 데 다시 한번 몰두하게 될 것이다.

각 일 차 마지막 부분에는 분명한 실천 단계를 하나씩 제공할 것이다. 예를 들어, 오늘은 당신의 이야기를 써볼 것을 제안한다. 그렇게 하면 자신에게 새로운 미래를 만들 기회가 열린다. 이를 실천하면서 생각과 실천의 간극을 좁혀나가기 시작할 것이다. 해킹당하지 않는 존재가 되기 위한 필수 과정이다. 아브라카다브라는 생각보다 가까이에 있다.

# 내 이야기 쓰기

1. 과거에 목표를 성취하지 못했던 이유를 설명하면서 자신에게 어떤 이야기를 했는가? 공란에 짧은 이야기를 되도록 많이 나열해보라.

   내게 필요한 _____ 자원이 없었다.

   나를 지지해주는 _____ 사람이 없었다.

   필수적인 _____ 경험을 쌓지 못했다.

2. 이러한 과거 이야기가 당신의 꿈을 이루는 데 도움이 되었는가?

3. 1번으로 돌아가 앞부분에 "지금까지는"이라는 말을 붙여보라.

   지금까지는 내게 필요한 _____ 자원이 없었다.

   지금까지는 나를 지지해주는 _____ 사람이 없었다.

   지금까지는 필수적인 _____ 경험을 쌓지 못했다.

4. 이제 새로운 이야기를 써보자. '가지지 못한 것'에 초점을 맞추기보다 '원하는 것'을 중심으로 적어보는 것이다. 2일 차에서 깊이 다룬다.

# 욕망

## 나만의 갈망 드러내기

무엇이 세상에 필요한지 묻지 말고
무엇이 내게 활기를 불어넣는지 물어보라.
세상에 진정 필요한 것은 활기를 띤 사람들이다.

**하워드 서먼**

열광하는《스타워즈》팬을 만난 적이 있을 것이다. 그 지지도는 워낙 절대적이라서《스타 트렉》팬을 일컫는 '트레키' 같은 별명조차 필요 없을 정도다. 조지 루카스는 1977년에 선보인 영화가 그런 마니아층을 만들어낼 거라고 전혀 예상하지 못했다. 그가 영화 줄거리를 '이익'Boon*이라는 개념과 접붙이기 전까지는 말이다.

---

\*     여기서 '이익'(利益)이라고 번역한 boon은 "혜택, 부탁, 은혜, 이익(benefit), 소원" 등 여러 가지 의미로 쓰이는 단어로 어떤 경험이나 물건, 사례, 선물 등이 타인의 삶을 더 좋아지게 하고 윤택하게 했을 때 사용한다. 우리말로는 "널리 '이롭게' 한다"는 의미의 홍익(弘益)에 가까운 개념으로 이해하면 저자의 의도에 부합할 것이다. 저자는 책 전반에 걸쳐 이 단어를 자주 사용하므로, 경제적인 의미가 중심인 이윤(利潤)보다 훨씬 광범위한 뜻으로 쓰인다는 점을 기억하자 ─ 편집자

조지프 캠벨의 책『천의 얼굴을 가진 영웅』은 이 개념을 기반으로 한다. 공교롭게도《스타워즈》도 마찬가지다.

## 영웅은 반드시 모험을 떠난다

조지 루카스는 조지프 캠벨의 작품이 그의 영화에 중요한 영향을 미쳤다고 말한다. 루카스가 대학교에서 캠벨의 책을 처음 접한 후 1975년에 다시 만났을 때는 이미 두 편의《스타워즈》초고를 마친 상태였다. 마구 뻗어나가는 상상 속 우주를 하나의 이야기로 담아내기 위해 캠벨이 제시한 '영웅의 여정'이라는 청사진을 도입해야 했다.[6]

영웅의 여정은 세상을 이해하는 중요한 열쇠다. 모든 문화권에서 전해지는 신화는 모두 동일한 개념을 사용한다. 칼 융은 이를 원형archetype이라고 했다. 융의 이론에 따르면 모든 사람은 영웅hero, 스승mentor, 도전quest에 대한 공통의 잠재의식 모델을 갖고 있다. 마치 어떤 감각을 선천적으로 지니고 태어나는 것처럼 말이다. 그래서 같은 언어를 사용하지 않는 사람들이 같은 이야기를 즐길 수 있는 것이다.『해리포터』시리즈가 그 예다.

캠벨은 원형 개념에서 더 나아가 이야기 패턴을 구성하는 각 단계에 이름을 붙였다. 단일 신화monomyth라고도 불리는 이 단계는 모든 영웅이 진정한 변신을 경험하기 위해 반드시 거치는 여정이다. 영웅은 평범한 세계에서 살아가던 중 이상한 힘이 존재하며 기묘한 사건이 벌어지는 비범한 세계로 들어오라는 부름을 받는다. 이 부름을 받아들이면 혼자서 혹은 조력자와 함께 여러 과제(시련의 길)에 직면한다. 상황이 극에 달했을 때 영웅은 가혹한 고비와 마주하고, 헤쳐나가는 과정에서 도움을 받는다. 이 고비에서 살아남으면 위대한 선물(목표 또는 이익)을 얻고, 그 결과 대부분 중요한 자기 인식<sup>self-knowledge</sup>에 이른다.

영웅은 이 이익과 함께 돌아올지(일상 세계로의 귀환) 말지를 결정하고, 그렇게 돌아오는 도중에 대부분 시련에 직면한다. 영웅이 무사히 돌아오면 이익, 즉 선물은 세상을 개선하는 데 사용된다. 마지막 단계에서 영웅의 여정이 완성된다.

영화, 소설, 연극은 대부분 이런 줄거리를 따른다.

## '영웅의 여정' 분석하기

단계별로 세분화하면 더 명확해진다. 모든 신화가 각 단계를 전부 포함하지는 않으며 어떤 신화는 순서를 바꾸기도 하지만 대부분 이 패턴을 따른다.

### 1부. 출발

1. 모험으로의 부름
2. 부름 거부
3. 초자연적인 조력
4. 첫 번째 관문 통과
5. 고래의 배

### 2부. 입문

6. 시험의 길
7. 여신과의 만남

8. 참된 길로 들어서는 것을 방해하는 유혹

9. 아버지와의 화해

10. 신격화

11. 인간을 널리 이롭게 함(궁극적 이익)

**3부. 귀환**

12. 귀환 거부

13. 불가사의한 탈출

14. 외부로부터의 구조

15. 귀환 관문 통과

16. 두 세계의 스승

17. 삶의 자유

우리는 영화를 보면서, 책을 읽으면서, 심지어 일상을 살아가면서 영웅의 여정을 목격한다. '이익'은 틀림없이 가장 중요한 요소다. 따라서 영웅은 처음에 자신이 얻을 '궁극적 이익'이 무엇인지 완전히 이해하지 못하더라도 여정을 받아들인다. 모든 이전 단계는 이 단계를 위해 개인을 준비시키고 정화하는 역할을 한다.

스타워즈 열성 팬이라면 조지 루카스가 '영웅의 여정'을 구성하는 각 요소를 영화 전반에서 어떤 방식으로 담아냈는지 알아볼 것이다.

**1부. 출발**

1. 레이아 공주의 메시지 = 모험으로의 부름

2. 농사일을 도와야 함 = 부름 거부

3. 오비완이 루크를 모래족에게서 구출함 = 초자연적인 조력

4. 타투인 행성 탈출 = 첫 번째 관문 통과

5. 쓰레기 압축장 = 고래의 배

**2부. 입문**

6. 광선검 연습 = 시련의 길

7. 레이아 공주 = 여신과의 만남

8. 다크 사이드의 유혹을 받음 = 참된 길로 들어서기를 방해하는 유혹

9. 다스 베이더와 루크의 화해 = 아버지와의 화해

10. 루크가 제다이가 됨 = 신격화

11. 데스 스타의 파괴 = 인간을 널리 이롭게 함

**3부. 귀환**

12. 루크는 오비완의 죽음에 복수하기 위해 남기를 원함 = 귀환 거부

13. 밀레니엄 팰컨 = 불가사의한 탈출

14. 한이 루크를 다스 베이더에게서 구함 = 외부로부터의 구조

15. 밀레니엄 팰컨이 추격하는 타이 파이터를 파괴함 = 귀환 관문 통과

16. 승전 축하식 = 두 세계의 스승

17. 반란군이 제국에 승리함 = 삶의 자유

11번째 요소 '데스 스타의 파괴'를 주목하라. 루크가 이 단계에서 인간을 널리 이롭게 한다(궁극적 이익)는 목적을 성취하지 못했다면 여정

전체가 헛수고로 돌아갔을 것이다. 결국, 악이 승리하고 선이 소멸했을 것이다. 감수해야 할 위험성이 높기는 《반지의 제왕》과 《매트릭스》도 마찬가지다.

우리 인생도 이와 크게 다르지 않다. 우리도 궁극적 '이익'을 가지고 있다. 많은 신화에서 '이익'은 불로장생의 묘약 또는 성배와 같은 초월적인 것이다. 모험으로의 부름을 느꼈지만, 아마도 지금까지는 그 부름에 거부했을 것이다. 하지만 이제 초자연적인 조력을 이용할 때다. 우리 삶은 꾸며낸 이야기가 아니라서 훨씬 더 위험하다.

## 나만의 '이익'은 무엇인가

사람들은 대부분 자신의 '이익'을 분명히 표현할 수 있다고 생각하지만, 사실 이것은 쉬운 일이 아니다. '이익'은 자신의 깊은 욕망, 가장 큰 고통, 가장 진실한 갈망을 나타내기 때문이다. 어른이 된 우리는 대부분 마음속 욕망과 단절되어 있다. 어쩌면 어느 시점에 알고 있었는지도 모르지만, 도중에 어딘가에서 잊어버렸다.

'욕망'desire은 흥미로운 단어다. 이 단어의 어원은 문자 그대로 하면 '아이를 낳다'라는 의미다. 이러한 욕망을 찾는 일은 발견보다 회복에 더 가깝다. 내 삶을 돌아보면, 어렸을 적에 글쓰기를 좋아했다. 얼마 전 기억 상자를 뒤적거리다 초등학교 1학년 때 오려서 만든 노란색 로봇을 찾았다. 로봇 뒷면에는 마이크라는 소년과 그의 로봇 마이티에 대한 다섯 단락 길이의 간단한 이야기가 써 있었다.

세월이 흘러 중학교에 입학하면서 글쓰기를 잊어버렸다. 아마 다른 멋져 보이는 것에 사로잡혀 있었던 것 같다. 몇 가지 다른 취미 생활을 거친 뒤 20대 초반에 글쓰기를 향한 사랑을 다시 발견했다. 그 후 줄곧 이 열정을 키워왔다.

당신은 어떤가? 마음속에서 어떤 욕망이 피어오르는가? 이것은 좋아하는 색의 이름을 대거나 좋아하는 노래를 말하는 것만큼 쉽고 간단한 질문일 수 있다. 혹은 낯선 도시에서 우연히 낯선 이를 만나 깊은 대화를 나눌 때처럼 이질적인 감정을 일으키는, 알 수 없고 복잡한 질문일 수도 있다.

한 번에 모든 것이 명확해지지 않는다. 대부분 물결처럼 연달아 조금씩 불완전한 움직임으로 온다. 이제 자신 안의 부름에 답하면서 생각과 실천의 간극을 좁혀나갈 차례다.

# 나만의 갈망 드러내기

1. 마음속 가장 깊은 곳의 욕망, 가장 큰 고통, 가장 진실한 갈망은 무엇인가? 완벽하지 않아도 된다. 《스타워즈》의 루크, 《반지의 제왕》의 프로도, 《매트릭스》의 네오, 《헝거게임》의 캣니스 에버딘도 그랬듯, 아무도 처음부터 자신의 '이익'을 완벽하게 알진 못한다.

   행동을 취하기 시작하면 비로소 명확해진다. 자신의 '이익'을 고르는 일은 안개 속을 헤치고 나오는 것과 같다. 욕망을 향해 앞으로 나아가야만 구름이 걷힌다는 모순을 받아들여라.

2. 다른 방식으로 '이익'에 접근하는 길도 있다. "나를 화나게 하는 것은 무엇인가? 마음을 아프게 하는 것은? 해결하고 싶은 가장 큰 문제는?" 자신에게 이런 질문을 던지는 것이다. 이 질문을 듣고 맨 처음 머릿속에 떠오르는 답을 솔직하게 적어보라.

**3일**

# 범인

## 피해자 의식 탈출하기

행동을 가로막는 장애물은 행동을 앞당긴다.
길을 가로막는 장애물은 곧 길이 된다.
**마르쿠스 아우렐리우스**

80분.

영화《죠스》에서 악명 높은 상어의 모습을 실제로 볼 때까지 기다려야 하는 시간이다. 일부 영화평론가들은 상대편 정체가 드러나는 시점을 미루는 스티븐 스필버그의 전략이 천재적이었다고 평한다. 다른 평론가들은 거대한 기계 상어를 일정에 맞춰 제작할 예산과 시간이 부족했기 때문이라고 주장한다. 이유가 어찌됐든 간에 이후 관객들의 겁에 질린 비명이 증명했듯, 공포를 불러일으키는 그의 전략은 수십 년간 효과가 있었다.

1시간 20분 동안 상어의 모습은 볼 수 없었지만, 상어가 만들어낸 파괴와 죽음의 현장을 목격했다. 상어가 탁한 물속을 뚫고 다니는데도 전혀 통제할 수가 없었다. 우리의 취약성은 불안감을 만들고 이 불안감이 마음속 공간을 채운다. 이러한 정신적 고통은 심리적 고통을 낳고 심리적 고통은 흔히 어떤 육체적 고통보다 훨씬 더 해롭다. 우리는 이 마음의 감옥에 갇혀 더는 탈출이 불가능하다고 믿기 시작한다.

다행히 그 반대의 경우 역시 사실이다. 적의 정체가 드러나면 우리는 곧바로 통제력을 되찾는다. 위협하는 상대와 그 상대를 물리치는 방법을 알게 된다. 상대의 약점을 발견해 상대를 앞지르고, 결과적으로 물리칠 수 있는 우위를 점한다.

이 전쟁에서 승리하려면 가장 먼저 범인을 파악해야 한다. 심리학자들은 인간이 볼 수 있는 것보다 보이지 않는 것을 더 두려워한다는 데 동의한다. 볼 수 없는 바이러스로 공포에 떨고 있는 상황을 생각해보라. 아니면 훨씬 더 오래전으로 거슬러 올라가 2001년 9월 11일 '보이지 않는' 적이 저지른 테러 공격을 생각해보라. 두 상황 모두에서 사람들은 이름 모를 혹은 얼굴 없는 위험을 마주했기 때문에 상상력에 지배를 당했다.

## 생산성 방해의 주범

우리에게는 적이 있다. 가능한 것을 꿈꾸고 그 꿈을 이루려 할 때마다 그것을 짓누르는 반작용을 느낀다. 우리는 생각과 실천 사이에 틈이 없는 해킹당하지 않는 존재로 태어났지만, 현실은 그렇지 않다.

때때로 뜬금없이 공격당한 것 같은 기분이 든다. 인생은 으레 예상치 못한 청구서, 원하지 않은 갈등, 뜻하지 않은 문제와 같은 시련과 함께 우리 앞에 나타난다. 어떤 때는 하고 싶은 일을 할 여유와 에너지가 부족하다. 마침내 시간이 생겼을 때는 너무 피곤한 데다 스트레스까지 쌓여 창의력과 꿈을 위해 뭔가를 시도할 의지가 떨어진다.

꿈을 가진 사람이라면 대부분 아이디어를 실현할 생각에 들뜬 상태로 시작한다. 하지만 어느 순간 느닷없이 반작용이 생긴다. 실행력이 부족한 원인을 주의가 흐트러졌거나 집중력이 저하된 탓으로 돌리기 쉽다. 하지만 실상은 우리가 해킹당했기 때문에 그런 일이 일어난다. 우리 관심이 꿈이 아닌 다른 곳으로 돌아갈 때마다 해킹당한 처지를 보여준다.

보통 사람들은 인터넷 검색과 앱 사용에 하루 중 5시간 정도를 쓴다. 이는 깨어 있는 시간의 3분의 1에 해당하며, 우리 생각보다 2배 더 많다. 스마트폰 사용은 일반적으로 '짧게 수시로' 이루어지며 사용 횟수의 절반 이상이 30초 이내라는 사실에 주목했다. 조지타운 대학교의 칼 뉴포트Cal Newport 교수가 말하는 '딥 워크'Deep Work, 즉 업무에 온전히 집중하는 능력을 발휘하게 하는 상태가 아니라 대부분 주의가 흐트러진 채로 업무를 수행하고 있었다.

이유가 있다. 미네소타 주립대학 경영대학원의 소피 리로이 교수는 2009년에 발표한 논문「내 일을 하기 왜 그리 어려울까?」(Why is it so hard to do my work?)에서 멀티태스킹은 '주의 잔류'attention residue 또는 업무를 효과적으로 이행할 수 없는 상태를 불러온다고 밝혔다.[7] 이는 결국 정신 에너지를 약화하고 집중력을 무너뜨리며 전반적인 생산성을 떨어뜨린다. 대부분은 과도하게 활성화된 이 새로운 세상을 성공적으로 항해할 준비가 되어 있지 않다.

## 피해자 의식에서 승리자 의식으로

우리는 약간의 자기 성찰과 진실로 이러한 적을 물리칠 수 있다.

나만의 '갈망'을 골랐던 2일 차를 기억하는가? 비록 자신이 목표하는 '이익'을 완벽하게 표현하지는 못했더라도, 안개 밖으로 첫발을 내딛고 마음속에 품은 생각을 적었을 것이다. 이 '이익'은 말하자면 '미래기대'를 나타낸다. 아래 표를 보라.

먼저 오른쪽 칸에 당신의 '이익'에 관한 몇 가지 생각, 즉 가장 깊은 욕망, 가장 큰 고통, 가장 진실한 갈망을 적어보라. 완벽하지 않아도 상관없다.

| 현재 경험 | 해킹당함 | 미래 기대 |
|---|---|---|
| | | |

모두 적었다면 왼쪽 칸으로 이동하라. '현재 경험'은 지금까지 당신을 가로막아온 '옛이야기'를 의미한다. 1일 차에서 당신은 이 이야기를 풀어냈다. '부족하다' 또는 '실패' 등, 과거의 제약 사항에 대해 모두 끄집어내 적어라.

가운데 칸에는 당신의 행동을 방해하며 당신과 목표하는 '이익' 사이의 거리를 벌리는 모든 사람과 사물을 떠오르는 대로 적어라. 이 기초작업은 앞으로의 모든 논의에서 중요한 방향타가 되므로 충분한 시간을 들여 해보기 바란다. 의식적으로 생각하지 말라. 미래의 기대와 현재 경험 사이에 보이는 틈새는 누가 혹은 무엇이 당신을 해킹하고 있는지 보여준다.

모두 작성했으면 목록을 검토해보라. 해킹 요인들 사이에 어떤 패턴이 보이는가? 이제 관찰 결과를 몇 가지 적어보라.

특정 이름이 계속 나타나는가? 특정 장소나 활동이 반복적으로 언급되지는 않는가?

나는 사업가가 되기 훨씬 전에 이 활동을 해보고 흥미로운 경향을 발견했다. 나는 가운데 칸에 직장 상사, 책임자, 제한된 시간을 적었다. 당시 내게 가장 큰 해킹 요인이 무엇이냐고 누군가가 물어봤다면 주위 사람들과 상황을 맹렬히 탓했을 것이다. 어느 정도 맞는 말이긴 했다. 나는 상사나 어디로 튈지 모르는 업무를 통제할 수 없었다. 그런 일에 투덜대며 불평을 늘어놓았다. 온갖 부정적 사고가 내 시간과 에너지를 갉아먹었고, 내 삶은 말할 것도 없었다. 참 비생산적인 시기였다.

해킹 요인을 다른 사람이나 사물로 돌리기는 쉽다. 다른 사람을 탓하고 핑계 대며 현실을 부정해봤자 문제는 해결되지 않는다. 단지 고통이 연장될 뿐이다. 이러한 마음가짐으로는 그저 무력한 피해자로만 살아갈 뿐이다. 그런 때 우리는 침대BED(탓Blame, 핑계Excuses, 부정Denial)에 드러눕는다.

V
I
C     B   탓 Blame
T     E   핑계 Excuses
I     D   부정 Denial
M

지금 돌이켜보면 나도 이런 피해자 사고방식으로 살았다. 다행스럽게도 그곳에 오래 머물지는 않았다. 내 사고방식이 바뀌었을 때 인생역시 달라졌다.

나는 승리자의 사고방식을 선택해 노OAR(주인의식ownership, 책임의식accountability, 책임responsibility)를 저으며 미래를 향해 앞으로 나아갔다. 당신도 할 수있다. 이러한 사고방식을 찾으면 세상에서 당신의 일을 일으키는 능동적 존재가 된다.

V
I
C     O   주인의식 Ownership
T     A   책임의식 Accountability
O     R   책임 Responsibility
R

# 피해자 의식 탈출하기

이제 당신을 해킹하고 있는 범인을 밝혀낼 차례다. 해킹당하길 원한 사람은 아무도 없지만, 그렇게 되도록 내버려둔 것에는 책임이 있다. 이 사실을 인정하는 것이 변화의 첫 단계다. 그 전에는 비생산적인 책임 전가라는 악순환이 끊임없이 이어진다.

자신이 범인임을 인정하는가? 그렇다면 돌파구에 가까워진 셈이다. 지속적인 변화가 이루어지려면 네 가지를 수행해야 한다.

1. 주도적으로 승리하기
2. 해킹 패턴을 인식하고 주인의식 갖고 돌파하기
3. 해킹 문제에 책임지기
4. 변화 필요성을 인정하고 책임지기

혹시 다른 선택지가 있는지 궁금한가? 자기 역할을 부정하면서 그냥 하던 대로 제자리에 머물 수도 있다. 이렇게 하면 된다.

1. 수동적으로 피해의식을 안고 살아가기
2. 계속해서 다른 사람이나 사물 탓하기
3. 자신이 해킹당하는 이유 핑계 대기
4. 해킹당한다는 사실 부정하기

선택하기 전에는 '영웅의 여정'에서 한 발짝도 앞으로 나아갈 수 없다.

- 네오는 빨간 알약과 파란 알약 중 하나를 선택해야 했다.
- 프로도는 '절대 반지'를 택하거나 '샤이어'에 머물러야 했다.
- 루크 스카이워커는 레이아 공주의 탄원에 응하거나 농장 소년으로 남아야 했다.

당신의 선택이 미래의 당신을 만든다. 진실이 당신을 자유롭게 할 것이다. 아래 응답 중 하나를 솔직하게 선택하라.

    ☐ 내가 범인이다. 나는 해킹당한 것에 책임이 있다.
    ☐ 나는 범인이 아니다. 나는 해킹당한 것에 책임이 없다.

# 음모

## 해킹 위험 인정하기

나는 내 운명의 주인이다.
우리가 노예인 것은 우리 별의 잘못이 아니라 자신의 잘못이다.
**셰익스피어**

당신 차가 누군가에게 해킹당할 위험에 처해 있다는 걸 아는가? 20년 전이었다면 터무니없는 소리겠지만 오늘날에는 뉴스에서 주제를 특집으로 다룰 정도로 현실이 되었다. 내용은 흥미로우면서도 섬뜩했다. 운전하는 동안 누군가가 자동차를 해킹할 가능성이 있다는 내용이었다.

현대의 많은 자동차는 바퀴 넷 달린 큰 컴퓨터와 다름없기에 자동차 해킹은 비교적 간단하게 이루어진다. 실제로 제조업체와 모델마다 심각한 취약점이 있었다.

뉴스 진행자들은 해커가 원격 컴퓨터를 통해 그들이 운전한 차량을 해킹하리라는 사실을 사전에 알고 있었음에도 실제로 그런 일이 일어나자 모두 충격과 혼란에 휩싸였다.

제멋대로 경적이 울리고, 앞 유리 와이퍼가 좌우로 빠르게 움직였다. 갑자기 가속 페달이 밟혔다. 자꾸만 페달이 눌리자 운전자는 곧 충돌할 것을 각오하면서 운전대를 놓았다. 불과 몇 초 전까지 차 안에 가득하던 긴장 섞인 웃음소리를 극심한 공포감이 집어삼켰다. 진행자들은 자신들이 처음 상상했던 것보다 훨씬 더 위험한 상황에 처했다는 사실을 알았다.

## 해킹 공격의 8가지 측면

차량 해킹이 두려운 일이긴 하지만, 실제 인간 해킹에 따른 여파와는 비교가 되지 않는다.

나는 인간 해킹으로 인한 영향을 연구한 결과, 일명 '해킹 공격'이 이루어지는 정교한 순서를 특정할 수 있었다. 이 은밀한 계획은 인간 됨의 여덟 가지 구성 요소를 체계적으로 벗겨내 피해자를 취약하게 만들고 위험에 노출시킨다. 다음 공격 중 하나라도 경험한 적이 있는지 한 번 살펴보라. 우리가 해킹당하면 잃어버리게 되는 것들이다.

1. 통제력
2. 명확성
3. 역량
4. 자신감
5. 통찰력
6. 영향력

7. 파급력

8. 소득

이 여덟 가지 요소를 잃어버리면 생각과 실천의 틈새를 좁히기가 불가능하다. 더군다나 통제력, 명확성, 역량, 자신감, 통찰력, 영향력, 파급력, 소득이 없어지면 자신과 자신이 가진 자원에 대해 부정적인 감정을 단호하게 표출하게 된다. 아래 패턴을 살펴보라. 해킹 공격을 당하면 이렇게 말하기 시작한다.

1. 나는 내 삶의 책임자가 아니다. (통제력 상실)

2. 나는 혼란스럽다. (명확성 상실)

3. 나는 능력이 부족하다. (역량 상실)

4. 나는 가면 쓴 사기꾼이다. (자신감 상실)

5. 나는 비전이 없다. (통찰력 상실)

6. 나는 다른 사람에게 영향력을 행사하지 못한다. (영향력 상실)

7. 나는 다른 사람들의 신뢰를 잃었다. (파급력 상실)

8. 나는 돈이 없다. (소득 상실)

이 여덟 가지 선언은 자신과 주변 세상을 바라보는 태도에 중요한 영향을 미친다. 아나이스 닌Anaïs Nin의 말에 따르면 "우리는 사물을 있는 그대로 보지 않고 자신의 관점에 따라 다르게 본다."[8] 이 때문에 이러한 감정에 맞서는 일은 매우 중요하다. 그러지 않으면 곧 두 거짓말을 믿게 될 것이다.

첫째 거짓말. 나는 아무것도 아니다.

둘째 거짓말. 나는 아무것도 가진 게 없다.


이렇게 되면 돌이킬 수 없다. 풍요가 아닌 결핍에, 충족이 아닌 부족에 안주하게 된다. 다행히 좋은 소식이 있다. 해킹 공격이 퍼져나가지 못하게 막을 방법이 있다. 도리어 반격을 가할 기회도 있다.

# 해킹 위험 인정하기

이제 생각과 실천의 틈새를 좁힐 시간이다. 당신의 정체성과 자원과 관련하여 다음과 같이 소리 내 말해보라.

> 1. 나는 내 삶의 책임자다. (통제력)
> 2. 나는 혼란스럽지 않다. (명확성)
> 3. 나는 충분한 능력이 있다. (역량)
> 4. 나는 가면 쓴 사기꾼이 아니다. (자신감)
> 5. 나는 비전을 갖고 있다. (통찰력)
> 6. 나는 다른 사람에게 영향력을 미친다. (영향력)
> 7. 나는 다른 사람들의 신뢰를 받는다. (파급력)
> 8. 나는 돈이 있다. (소득)

모든 면에서 속히 정상적인 궤도에 오르고 싶은 마음에 조바심이 날 것이다. 하지만 흥분을 가라앉히고 속도를 줄여라. 되돌아가서 각각의 선언을 한 번 더 소리 내어 읽어보라.

우리는 자신을 바라보는 인식, 즉 자아상을 능가할 수 없고 자아상을 재설정하기 전에는 계속 해킹당할 것이다. 이제 두 가지 진실을 깨달아야 할 때다.

> 첫째 진실. 나는 특별한 사람이다.
> 둘째 진실. 나에게는 특별한 무언가가 있다.

해킹 불가한 사람들은 말하자면 아웃라이어다. 그들은 자신이 특별한 사람이라는 사실을 안다. 그들은 완벽한 아이디어를 창출하고 초인적인 집중력을 발휘하며 몰입을 통해 최상의 수행력을 달성한다. 당신도 그런 사람이 될 수 있다. 그러려면 대가를 치러야 한다. 가치 있는 모든 것에는 비용이 따르며, 해킹당하지 않는 존재도 예외는 아니다.

**5일**

# 비용

## 미래 기억 호출하기

미래를 예측하는 가장 좋은 방법은 미래를 창조하는 것이다.
**아타리 광고**

이런 경험이 있을 것이다.

친구와 텔레비전을 보는데 상업광고가 등장하고, 그것을 어떤 사람이 열심히 홍보한다. 그런데 가만히 보니 그녀는 평소 당신이 생각하던 아이디어를 사용하고 있었다.

"저건 내 생각인데!"라고 말하지만, 뭐 어쩔 텐가. 마음속에만 있던 아이디어인데, 다른 사람이 먼저 사용했다고 해서 어쩌겠는가?

누군가가 선수 치기 전에는 자기 아이디어에 별 관심이 없다가, 막상 그런 일이 벌어지면 화들짝 놀란다. 아이디어를 빼앗기고 나면 갑자기 질투가 나고 약이 오르고 속이 상한다.

공감하는가?

나는 그렇다.

감정을 쏟지 않으면 아이디어를 실현할 수 없다. 사실 감정은 내내 존재했다. 아이디어가 위협받기 전까지는 그 감정을 억눌렀을 뿐이다.

## 두려운 것이 당연하다

청소년 대상 SF 스릴러물 집필은 시작하지도 못하고 끝날 뻔했다. 소설 쓰기와 관련 강좌 만드는 일은 이전에 해오던 작가 생활과 큰 차이가 있었다. 이 프로젝트에 꼬박 2년을 투자하겠다는 결정은 개인적으로나 직업적으로나 위험한 선택이었다.

처음에는 이런 생각이 뒤따랐다.

못하겠어.

만약 실패하면 어쩌지?

난 경험이 부족해.

내 능력 밖의 일이야.

핑계가 계속 떠올랐다. 친구들과 동료들이 한마디씩 거들자 두려움은 더 깊어졌다.

멀쩡한 경력을 왜 위태롭게 하지?

일이 잘 안 풀리면 고객들이 어떻게 생각할까?

소설 쓸 줄이나 알아?

그 일을 할 자격이 있다고 생각해?

이런 말과 함께 내 마음속에서 들끓는 소리를 들었을 때 무슨 일이 일어났을까? 그렇다. 나는 해킹을 당했다. 아이디어는 정체되었고 두려움으로 아무것도 할 수 없었다.

## '미래 기억'을 긍정적으로 호출하기

2일 차에 파악한 당신의 '이익'을 다시 확인해보라. 솔직히 답하라. 아이디어 실현에 뛰어들기까지 가장 걸리는 것이 무엇인가? 아마도 부정적인 생각이 쏟아져 들어올 것이다.

나 역시 몇 달간 '묘약 프로젝트' 아이디어를 뒷전으로 미루고 그냥 자포자기 상태가 되었다. 일부러 딴 데 정신을 팔았다. 바쁘게 지내면 아이디어를 발전시키는 부담감에서 벗어날 수 있다고 생각했다.

하지만 아니었다. 그 아이디어는 이 사이에 끼인 음식물처럼 머릿속에서 맴돌았다.

다행히 나는 '비용 헤아리기'라는 사고 도구를 활용할 수 있었다. 초점을 정반대에 두었다. 만약 계속 해킹당한다면 나는 무엇을 잃어버릴 것인가를 생각했다.

가상의 팬이 나에게 편지를 보낸다고 생각해보았다. 그녀는 내 책이 자신에게 미친 영향력에 관해 언급하고 있다. 이런 식이다.

캐리 작가님께,

작가님은 저를 모르시겠지만, 작가님이 쓴 책은 제 삶을 바꿔놓았습니다. 자세히 말씀드리면 이렇습니다.

[나의 아이디어가 미친 영향력에 관한 이야기를 여기 적는다]


진심을 담아서

당신의 진심 어린 독자


　나는 이 편지를 통해 비용을 헤아릴 수 있었다. 이 변화가 모든 차이를 만들었다. 나는 두려움이 자라도록 두지 않고, 신념을 굳건히 다져 내 아이디어를 설레는 것으로 만들었다.

　가상의 독자를 설정하고 그들에게 미친 영향력을 떠올리며 편지를 쓴다는 것이 괴이하게 들릴 수도 있다. 우리가 '미래'를 기억할 수 있다는 사실을 모른다면 그럴 것이다.

　우리는 기억이 오직 한 방향으로만, 즉 거꾸로만 작용한다고 배웠다. 우리는 '과거 기억'만 이야기한다.


　　누구를 선택했는지

　　무엇을 먹었는지

　　언제 떠났는지

　　어디를 갔는지

　　왜 말했는지


　하지만 사실, 기억은 '양방향'으로 작동한다. 뇌 과학 분야 최신 연구는 다음과 같은 사실을 밝힌다.

미래를 상상하는 일에 관여하는 뇌 영역 중 많은 부분이 과거 기억에 관여하는 뇌 영역과 겹친다. 과거를 방문하거나 미래를 상상하는 정신적 시간 여행을 할 때 우리 뇌는 해마와 내측 측두엽을 활성화한다.[9]

　구체적으로 발표, 시험, 회의 등과 같은 미래 일을 '걱정'할 때마다 미래를 '기억'하고 있는 것이다! 아직 일어나지 않은 일을 생각하면 종종 손에 땀이 차거나 맥박이 뛰는 등 그와 연결된 생리적 증상을 겪기도 한다. 즉, 불안은 미래를 부정적인 시각으로 '기억'한 결과다.
　만약 미래를 긍정적인 시각으로 상상할 수 있다면 어떨까?
　나는 이 훈련을 규칙적으로 실행했다. 미래를 상상할 때마다 완성한 『묘약 프로젝트』를 통해 삶이 획기적으로 달라질 수천 명을 머릿속에 그렸다. 이를 입증하는 증거가 있다. 『묘약 프로젝트』가 자신에게 어떤 영향을 미쳤는지 공유한 실제 독자 서평이다.

### 한번 잡으면 내려놓을 수 없는 책

과학과 과학 소설, 미스터리와 흥분, 머지않은 디스토피아에 대한 미래 지향적 관점과 완벽한 몰입 상태로 이끌어줄 줄거리의 조합이다. 책을 내려놓지 못해 잠잘 시간이 줄더라도, 충분히 즐길 만한 가치가 있다.

_**셀레나 마리**, 2018년 7월 4일._

### 해킹 차단력은 우리가 매일 선택해야 하는 가치다

이 책은 가능성에 눈을 뜨게 한다. 당신은 시에나가 성장하고 변화하는 동안 그대로 머물 것인가 혹은 성장하고 변화를 추구할 것인가 하는 선택의 기로

에 서게 된다. 해킹당하고 있는 현실을 깨닫고 해킹이 통하지 않는 존재가 되는 법을 알게 될 것이다.

_**치카 유**, 2019년 6월 7일.

가상의 팬에게 미친 상상 속 영향력은 프로젝트 시작에 필요한 연료를 공급한다. 또한 좌절을 반복하는 '복잡한 중간 단계'<sup>messy middle</sup>에 도달했을 때 용기를 주며 끝까지 밀고 나갈 열정을 불어넣는다.

놀라운 사실은 상상 속 영향력 편지를 쓰고 난 뒤 나중에 한 마디 한 마디 거의 똑같은 내용이 들어간 편지를 실제로 받은 적이 있다는 것이다. 나는 오늘날까지 호주에 사는 케이트 테일러<sup>Kate Taylor</sup>라는 사업가를 만난 적이 없다. 하지만 6년 전 케이트가 내게 보낸 편지에 따르면 내 책 『직장 그만두고 꿈꾸던 일 시작하기』(*Day Job to Dream Job*)가 그녀의 인생을 바꿨다.

『직장 그만두고 꿈꾸던 일 시작하기』라는 책을 쓴 남자가 있습니다. 저는 어떻게 하면 만족스럽지 않은 직장에서 종일 일하는 생활에서 벗어날 수 있을지에 관한 현실적인 아이디어가 필요해 이 책을 읽었습니다. 그리고 이 책은 제 삶을 바꾸었고, 현재 저는 사업체를 운영하고 있습니다. 도약하는 법을 더 명확히 알고 싶은 저 같은 사람들을 위해 시간을 들여 생각을 나눠주신 작가님께 감사합니다.

# 미래 기억 호출하기

이제 당신 차례다. 당신의 아이디어가 미친 영향력이 어떠했는지를 알려주는 팬이 보낸 상상 속 편지를 써보기 바란다. 구체적으로 써라. 자세할수록 좋다.

_____께,

_____님은 저를 모르시겠지만 _____님의 _____이/가 제 삶을 바꿨습니다. 자세히 말씀드리면 이렇습니다.

[아이디어의 영향력에 관한 이야기]

진심을 담아서
당신의 진실한 팬

이 편지는 시작에 불과하다. 당신의 아이디어가 수십, 수천, 수백, 수백만, 심지어 수십억 명에게 영향을 미치는 미래를 상상해보라.

그들은 오직 당신을 기다리고 있다! 당신이 해킹당한다면 그들에게 어떠한 영향도 주지 못할 것이다. 당신의 두려움에 집중하지 마라. 지금부터 믿음을 굳건히 다져라.

# 2부

# 완벽한 아이디어는
# 어떻게 얻는가

완벽한
아이디어
해부

아이디어

**6일**

# 약속

## 강력한 이유와 기한 정하기

영원히 살겠다고 약속하지 마라.
살아 있는 동안 진정한 삶을 살겠다고 약속하라.
**아티쿠스**

'멘탈해킹 차단 프로세스' 첫 번째 단계에 온 것을 환영한다. 이 단계에서는 완벽한 아이디어 구조를 파악하려고 한다. 그런 것이 있기나 한 건지 궁금한 독자도 있을 것이다. 앞으로 풀어놓을 '약속', '이력', '진전', '마음가짐'이라는 네 요소를 충분히 검토해보고 판단해도 늦지 않을 것이다. 매혹적인 아이디어의 면면을 들여다보면 네 가지 요소를 확인할 수 있다.

- 존 케네디의 연설: "우리는 달에 가기로 했습니다."
- 마틴 루터 킹 주니어의 연설: "나에게는 꿈이 있습니다."
- 예수 그리스도: 산 위의 설교(산상 수훈)

첫 번째 요소를 살펴보자.

## 완벽한 아이디어를 구성하는 요소 #1: 약속

어떤 일이 반드시 일어날 것이라는 확언이며, 상황, 사건, 결과에 따라 달라지지 않는다. 자신이 마땅히 받아야 한다고 여기는 것을 요구하는 일이다. 투표나 협상에 따라 달라지지도, 의견을 덧붙이는 일도 아니다. 결과는 중요하지 않으며 증거는 불필요하다. 단지 자신이 누릴 준비가 되었다고 세상에 알리는 것이다. 그 약속이 이미 자기 것이라는 사실을 깨달았다는 의미다.

역사에는 약속을 자기 것으로 받아들인 사람들로 가득하다. 몇 가지 예를 보자.

- 헨리 포드는 모델 T 개발이 자기 몫이라고 받아들였다.
- 조앤 롤링은 자신이 구축한 세계를 실제로 받아들였다.
- 마이클 펠프스는 금메달(현재까지 23개)이 자기 것이라고 했다.
- 월트 디즈니는 테마파크 건설을 당연한 것으로 꿈꿨다.
- 라이트 형제는 비행 성공을 확신했다.
- 에디슨은 전구 발명을 해내리라 의심치 않았다.
- 오프라는 자신의 성공을 확신했다.

이 목록은 계속 늘어나고 있다. 세상은 이들에게 "아니야!"라고 여러 차례 말했지만, 그들은 외적인 결과가 자기 내부에서 타오르는 아이디어를 죽이도록 그냥 있지 않았다.

## 집요함이 필요하다

그렇다면 약속은 어떻게 주장할까?

커다란 승리를 얻으려면 그에 걸맞은 커다란 이유가 명확해야 한다. 아이디어가 그저 자기 것이라면 조금만 힘겨워도 도중에 포기하고 말 것이다. 하지만 그 아이디어가 '외부에서' 주어진 것임을 안다면 약속을 주장하는 것이 자기가 신경 쓸 일이 아님을 이해하게 된다. 우리가 할 일은 믿음을 유지하는 일이다.

야곱은 하느님과 겨루었고, 하느님이 자신을 축복할 때까지 포기하지 않았다. 성경에 나오는 야곱의 삶은 그런 집요함을 보여주는 훌륭한 사례다. 그는 수십 년 전에 꾼 신비한 꿈에 모든 것을 걸었다. 이 '커다란 이유' 덕분에 '커다란 승리'를 거둘 수 있었다. 집요함은 자기 욕망을 이룰 때까지 그만두지 않겠다는 강한 결심이다.

## 너의 '이유'는 그 '한 방'보다 강력해야 해

누군가가 역경을 극복하고 승리할 때마다 그런 집요함을 목격할 수 있다. 불치병에 걸린 사람이 시한부 선고를 이겨내고 건강을 되찾을 때나 경기침체로 위협받는 소기업이 연이어 치명적인 타격을 입으면서도 굴복하지 않을 때 집요함을 본다.

권투 팬들은 버스터 더글러스와 마이크 타이슨의 경기를 보며 이 '집요함'을 느낀다. 권투를 잘 모른다면 에릭 토머스의 내레이션을 통해 들려주는 2분짜리 동영상을 확인해보라.[10] 불신으로 낙담한 모든 사람을 다시 일으켜 세울 것이다.

원한다면 무엇이든 적어도 좋아. 용기를 내서 가진 목표를 모두 적어봐. 다만 알아둘 게 있어. 삶이 네 턱을 강타할 테니 내 조언을 들어야 할 거야.

네 '이유'는 그 '한 방'보다 강력해야 해.

더글러스는 쓰러졌어. 여태껏 타이슨의 펀치를 맞고 쓰러진 뒤 다시 일어선 사람은 아무도 없었어. 10초 카운트가 거의 끝나갔어. 그는 휘청거렸어. 4, 3, 2, 1, 딩딩딩. 종이 울려 KO를 면했지.

더글러스는 자기 자리로 돌아갔어. 지켜보는 모두가 "이제 끝났네"라고 말했지. 그가 다시 나오면 타이슨이 공격을 퍼붓겠지. 타이슨은 "다 이겼어. 내가 이 꼬맹이를 궁지로 몰았어"라고 자신만만해하며 나왔지.

내 말 잘 들어. 대부분은 지금 인생에서 이런 식으로 궁지에 몰리고 있어. 하지만 여기서 포기하면 안 돼. 절대 항복해선 안 돼. … 삶이 너를 벼랑 끝까지 몰아붙일 때 더글러스가 한 대로 해야 해.


더글러스는 반격하기 시작했어. 그리고 세상은 충격에 휩싸였지!

거인이 쓰러지고 만 거야. "대체 무슨 일이야?"

사람들이 더글러스에게 몰려가서 물었어.

"무슨 일이 일어난 거죠?" 그는 이렇게 대답했어.

"잘 들으세요. 아주 간단해요. 어머니가 돌아가시기 전에 제가 타이슨을 이긴다고 세상에 말씀하셨어요. 그리고 경기 이틀 전에 어머니는 돌아가셨지요."

더글러스는 결정을 내려야 했어.

"일어날 수 있어. 어머니를 위해 살아갈 수 있어."

그러고는 타이슨을 때려눕혔어.

그의 '이유'가 주먹보다 더 위대했던 거야.

그의 '이유'가 패배보다 더 위대했고,

그의 '이유'가 겪은 시련과 고난보다 더 위대했어.

장담하건대 네 '이유'가 무엇인지 모르거나 네 '이유'가 충분히 강하지 않다면 너는 매일같이 쓰러지고 말 거야.

치열한 전투가 벌어지는 중이다. 그렇기에 당신도 커다란 이유로 스스로 무장할 필요가 있다. 외부 타격보다 당신의 이유가 더 강력해야 한다.

# 강력한 이유와 기한 정하기

## 이유를 명확하게 정하기

소설 『묘약 프로젝트』를 쓰겠다는 아이디어가 떠올랐을 때 나는 커다란 이유가 필요하다는 것을 알았다. 이유가 작다면 승리 역시 작을 것이며 결국 열정을 잃고 도중에 그만두게 될 것이다.

나는 이유를 분명히 했다. 『묘약 프로젝트』를 쓰면서 나중에 '묘약 프로젝트 경험'이라는 교육 과정을 만들고, 언젠가 영화 계약도 따내겠다고 생각했다. 이 계획은 궁극적 이유를 성취하기 위한 중요한 과정이었다.

> 내 이유: 나는 2020년까지 100만 명의 삶에 불씨를 지피기 위해 『묘약 프로젝트』를 써야 한다.

2020년이 지난 후 결과가 궁금할 것이다. 좋은 소식은, 예정보다 1년 더 일찍 100만 명의 삶에 불씨를 일으켰다는 사실이다. 영화 계약에 관해서는, 한 가지만 말해두자면 지금 열 군데가 넘는 제작사에서 각본을 검토 중이다.

당신의 '이익'을 되새겨본 다음, 아래 빈 공간에 당신의 이유를 명확히 설명하라. 명확하고 간결하며 단도직입적으로 적어라.

내 이유: _____

_____

_____

## 기한을 명확하게 정하기

기한 없는 욕망은 그저 몽상에 불과하다. 이러한 욕망은 중간에 흐릿해지기 쉽다. 하지만 기한을 적으면 목표가 살아 움직이는 현실이 된다. 책임감이 생긴다. 자신이 목표를 이루었는지 아닌지를 알 수 있다.

2015년 말 나는 『묘약 프로젝트』 출간에 전념했다. 생각한 내용을 다 담아내려면 절대적으로 시간이 부족했다. 결국, 출간일을 2016년 12월 6일로 미뤘다.

우리는 그 책을 성대하게 공개했다. 157개 도시와 6개 대륙에서 열린 180개 행사에서 수천 명이 참여한 가운데 사상 최대 규모의 출간 기념 온라인 생중계 파티를 진행해 세계 기록을 세웠다.

> 내 약속: 나는 『묘약 프로젝트』를 2016년 12월 6일에 출간하고, 세계 최대 온라인 생중계 도서 출간 기념 파티를 열어 공개하겠다.

당신의 '이익'을 되새겨본 다음 아래에 당신의 약속을 써보라. 기한도 있어야 한다. 명확하고 간결하며 단도직입적으로 적어라. 에디슨, 포드, 오프라도 가끔은 겁이 나고 바보 같은 기분을 느꼈을 것이다. 어쨌든 그들은 실천했다.

기억하라. 약속을 내세운다는 것은 자신이 받아들일 준비가 되었음을 세상에 알리는 일이다. 그 약속이 이미 자기 것이라는 사실을 깨달았다는 의미에서 말이다.

내 약속:_____

_____

_____

# 이력

신뢰를 주는 경험 확인하기

결국, 선택에 달린 문제다.
부지런히 살든지, 부지런히 죽든지.
**앤디 듀프레인, 영화《쇼생크 탈출》**

작은 일에 연연하기에는 당신의 능력이 너무 아깝다고 생각하는가? 그 작은 과제들이 당신의 궁극적 아이디어와 같은 선상에 있다면 어떠한가? 내 경험에 비추어볼 때 큰 '이익'은 보통 일련의 작은 단계들을 거쳐야 성취할 수 있다. 이는《쇼생크 탈출》에 출연한 할리우드 스타들과 함께 내 여섯 번째 책 『직장 그만두고 꿈꾸던 일 시작하기』를 출간했을 때 벌어진 일을 말해보겠다. 이 이야기를 통해 두 번째 요소인 이력을 이해할 수 있을 것이다.

## 완벽한 아이디어를 구성하는 요소 #2: 이력

작은 단계는 특별하거나 흥미롭지 않아 과소평가된다. 사람들은 대부분 작은 과제를 회피한다.

2014년 8월, 유명 배우들과 무대에 오른 것은 우연이 아니었다. 1년 전 나는 같은 선상에 있던 작은 과제들을 처리하면서 2013년에 정했던 '이익'에 점점 가까이 다가갔다.

2013년 6월 18일, 《쇼생크 탈출》 20주년 기념행사에서 여섯 번째 책을 공개하겠다는 아이디어를 처음 떠올랐다. 안타깝게도 즉시 행동을 취하지는 못했다. 이 아이디어는 9개월이 넘도록 잠재의식 속에서 이리저리 떠다녔다. 2014년 3월 20일, 마침내 한 번도 만난 적 없는 조디라는 여성에게 연락을 취해 작은 한 걸음을 내디뎠다.

그녀에게 다음과 같은 이메일을 보냈다.

### 제목: 쇼생크 20주년 기념행사 협력 제의

8월에 있을 행사와 관련해 이야기를 나누고 싶습니다. 저는 작가이자 강사입니다. 2014년 8월 5일에 출간되는 제 책은 《쇼생크 탈출》과 함께 '매일 다니는 직장'에서 탈출하는 내용을 다룬 책입니다. 지난여름 소년원 안에서 책의 일부를 썼습니다. 이 책은 벌써 국내외에서 주목을 받고 있습니다. 『뉴욕타임스』 선정 베스트셀러 삽화가가 책의 이미지 작업을 도맡아 했습니다(아래 이미지를 참고하세요). 제 책이 이번 행사에 좋은 홍보가 될 거로 생각합니다. 더 자세히 대화를 나누고 싶습니다.

그 이메일을 통해 우리는 다음 날 2014년 3월 21일에 전화 통화를 하기로 했다. 무슨 말을 해야 할지 혹은 어떻게 말해야 할지 몰랐지만, 조디는 어쨌든 내 열정을 알아차린 듯했다. 통화를 마치고 난 뒤 그날

바로 그녀에게서 이메일이 왔다.

안녕하세요, 캐리 작가님!

오늘 이야기를 나눌 수 있어서 좋았습니다!

짧은 홍보 동영상을 보내주시면 제가 이번 달 27일 쇼생크 위원회에 소개하

겠습니다. 저희가 이야기한 몇 가지 아이디어(금요일 오후 르네상스 극장에서 책 사

인회 진행, 쇼생크 패키지 신청 시 책 증정, 기념행사 중 강연회 개최 등)와 각각의 비용 혹

은 무료 진행 여부를 이메일로 보내주시면 위원회가 결정하는 데 큰 도움이

되겠습니다.

작가님과 함께 일하게 되어 무척 기대됩니다. ShawshankTrail.com에서 최신 정보를 계속 확인해주세요. 아니면 저희 페이스북 페이지도 방문해주세요!

좋은 주말 보내세요.

조디

회의가 예정된 주에 도시를 떠나 있었지만, 서면 제안서를 통해 내 의지를 전달했다. 이 제안서를 아래에 공개한다.

지난 몇 년 동안 많은 작가가 내게 물었다. "어떻게 수십만 달러 상당의 홍보 기회를 무료로 얻으셨어요?" 때로는 운이나 우연으로 돌리고 싶어진다. 하지만 세상에 그냥 일어나는 일은 없다. '그냥'이라는 단어에는 굉장히 다양한 세부 내용이 들어 있다. 그냥 일어난 일은 아무것도 없음을 알 수 있다. 나는 완벽한 아이디어를 구성하는 두 번째 요소인 '이력'을 활용했다.

쇼생크 위원회 구성원 여러분께,

오늘 아침 여러분과 함께하지 못해 아쉽습니다.

우선 8월 29일, 30일, 31일에 있을 《쇼생크 탈출》 20주년 기념행사가 너무나 기대된다고 말씀드리고 싶습니다. 많은 사람과 마찬가지로 이 영화는 제게 깊은 감명을 주었고 어두운 시절에 희망이 되어주었습니다. 저는 2014년 8월 출간을 앞둔 책 『직장 그만두고 꿈꾸던 일 시작하기』에서 이 여정에 관해 이야기합니다. 지난 6월 오하이오주 소년원의 감방 안에서 원고 일부를 썼습니다. '쇼생크'라는 상징을 제 책 곳곳에 엮었습니다(조디에게 보낸 짧은 발췌 글에서 확인하실 수 있습니다).

이번 행사와 지역 사회에 기여하려는 열정으로 조디와 상세하게 이야기를 나눴습니다. 이 특별한 행사를 위해 협력하고 싶습니다. 그럼 몇 가지 아이디어를 소개해보겠습니다.

제 블로그, 웹사이트, 책, 소셜미디어에는 팔로워가 상당수 있습니다. 그들은 이번 기념행사에 대해 더 자세히 알고 싶어 합니다. 책 출간 시 참여하는 라디오 인터뷰와 TV 인터뷰는 이번 행사와 멋진 시너지를 낼 것입니다.

제 책에 담긴 메시지가 어려움에 처한 사람들에게 전달되어 그들을 도울 수 있으면 좋겠습니다. 또한, 책이 언론에 최대한 많이 노출되길 원합니다. 이 행사로 돈을 벌거나 어떤 보수를 기대하지 않습니다.

저희가 협력할 방안을 몇 가지 제안합니다.


- **경험 기반 프레젠테이션**. 저는 실용적이고 쌍방향적이며 경험에 기반하고 실제 삶과 밀접한 관련이 있어 흥미를 유발하는 프레젠테이션 방식을 추구합니다. 이번 행사를 위한 프레젠테이션에서는 《쇼생크 탈출》 장면들을 활용해 이 영화가 우리 일상과 어떻게 연관되어 있는지 설명할 것입니다. 지금까지 대학, 기업 행사, 학교, 수련회, 교회, 단체 등에서 수백 건의 프레젠테이션을 진행한 경험이 있습니다.
- **티켓 구매 시 책 무료 증정**. 쇼생크 패키지나 박물관 입장료 등 전체 또는 일부를 책과 함께 묶어 판매할 수 있습니다.
- **VIP 세션/칵테일 연회**. 스타들과 함께 칵테일 연회에 참석해 《쇼생크 탈출》이 어떻게 『직장 그만두고 꿈꾸던 일 시작하기』라는 책을 쓰는 데 영감을 불

어넣었었는지 이야기할 수 있습니다. 티켓 구매 시 사인이 담긴 책을 증정할 수도 있고요.

- **사인이 담긴 쇼생크 삽화.** 『뉴욕타임스』 선정 베스트셀러 삽화가 마이크 로드[Mike Rohde]에게 제 책의 삽화 작업을 맡겼습니다(발췌본에서 샘플을 확인할 수 있습니다). 이 삽화들을 확대해 액자에 넣은 다음 쇼생크 스타들의 사인을 담아 판매할 수 있습니다. 인쇄 및 제작 비용을 제하고 남는 수익금은 여러분에게 돌아갑니다.

- **기념품점/호텔.** 행사가 이루어지는 일부 또는 모든 장소에서 책을 판매할 수 있습니다. 20주년 기념행사 이후 오하이오주 소년원에서 책과 삽화를 판매하고 쳇바퀴 같은 직장 생활에서 탈출한 사람들에 관한 DVD를 특별 제작할 수도 있습니다.

- **책 사인회.** 《쇼생크 탈출》을 접목해 책에 관한 간단한 프레젠테이션을 제공하면 사람들이 이해하는 데 도움이 될 것입니다. 소개 프레젠테이션이나 프로그램 없이는 사인회 진행이 어렵습니다. 사인회를 진행한다면 최소한 책 소개 영상을 상영할 수 있어야 합니다.

- **극장에서 영화 상영 전에 책 소개 영상 첫 공개.** 다음 달 저는 전 세계에 선보일 60초짜리 소개 영상을 촬영하기 위해 뉴욕에 제작자와 배우를 만나러 갑니다. 소개 영상은 소년원의 모습을 담고 《쇼생크 탈출》과 직장에 갇힌 생활 사이의 상관관계를 보여줄 것입니다. 이 소개 영상을 제 웹사이트 DayJobToDreamJob.com에 공개할 예정입니다.

이 계획들은 시작에 불과합니다. 세부적인 논의를 거치면 계획이 더 명확해지리라 생각합니다. 좋은 하루 보내시길 바랍니다.

여러분의 친구이자 쇼생크 여행 동료,

캐리 오버브루너 올림

2014년 3월 26일


## 경험을 나열하며 신뢰감을 전달한다

이메일 곳곳에 내 이력을 열거하는 방식을 주목하라. 대부분은.이렇게 하지 않는다. 이렇게 하면 나를 이상하게 여기거나 언짢아하지 않을까 생각한다. 우리는 종종 오만한 사람으로 비칠까 봐 두려워 스스로 정반대로 내몰아 조금도 자신감을 드러내지 않는다. 거짓 겸손이라는 덫에 빠져 아무런 자신감 없이 행동하다가 끌어당겨야 할 '이익'을 밀어내고 만다.

내 편지를 다시 읽어보라. 인플루언서는 대부분 경험 있는 사람과 협력하고 싶어 한다. 이런 일에 능하다는 사실을 증명해야 한다.

그렇게 하기엔 내세울 만한 경험이 별로 없다고 생각할 수도 있다. 하지만 중요한 것은 이력의 규모가 아니라 범위다. 규모는 그럴싸한 모습을 의미하지만, 범위는 신뢰감을 전달한다. 인플루언서는 말하는 대로 행동하고, 행동하는 대로 말하는 사람, 즉 신뢰할 수 있는 사람과 일하고 싶어 한다.

특히 이 단락을 보라.


**경험 기반 프레젠테이션.** 저는 실용적이고 쌍방향적이며 경험에 기반하고 실제 삶과 밀접한 관련이 있어 흥미를 유발하는 프레젠테이션 방식을 추구합니다. 이번 행사를 위한 프레젠테이션에서는 《쇼생크 탈출》 장면들을 활용해 이 영화가 우리 일상과 어떻게 연관되어 있는지 설명할 것입니다. 지금까지 대학, 기업 행사, 학교, 수련회, 교회, 단체 등에서 수백 건의 프레젠테이션을 진행했습니다.

연설을 들은 청중에 대해서는 언급하지 않았다. 어떤 행사에서는 참석자가 몇 명뿐이었다. 1학년 학급이나 요양 시설에서 지내는 노인을 대상으로 강연한 적도 있다. 오래전 열여덟 살 때 밀워키 전도단체에서 노숙자에게 메시지를 전하면서 연설을 시작했다. 그들 대부분은 귀 기울이지 않았다. 몇 명은 일찍 술에 취해서 잠들어버리기까지 했다.

사실은 자랑할 것이 별로 없었다. 책 사인회에 아무도 오지 않은 적도 있고 회담에서 방을 꽉 차 보이게 하려고 식물과 책상을 직접 가져가 배치한 적도 있다. 하지만 자신감이 부족한 적은 거의 없었다. 평소에 골리앗을 죽인 다윗이 사용했던 전략을 사용한다. 다윗도 사울왕의 마음을 끌기 위해 이전에 사자와 곰을 상대로 거둔 승리를 언급하며 자기 '이력'을 열거했다.

전략은 통했다. 다윗이 과거에 이룬 성공 덕분에 사울왕은 설득을 당했다. 사자와 곰을 쫓아냈던 일은 당시에는 크게 주목받지 못했다. 다윗의 양 떼만 그 일을 목격했을지도 모른다. 그러나 다윗은 그 순간을 위해 준비해왔기 때문에 그 순간도 그를 위해 준비되어 있었다.

이 원칙은 최근에 우리가 듣는 여러 이야기에서도 찾을 수 있다. 모든 성공한 사람과 완벽한 아이디어를 살펴보면 이 원칙을 발견할 것이다. 유튜브에서 시작한 뮤지션 저스틴 비버, 대학 미식축구에서 워크온(사전에 발탁되거나 운동 장학금을 받지 못한 선수—옮긴이)으로 뛰었던 조디

넬슨Jordy Nelson 같은 운동선수, 직업 없는 미혼모에서 수백만 달러 규모의 오렌지시어리 피트니스Orangetheory Fitness 공동 창립자가 된 엘런 레이섬Ellen Latham 이야기에서도 이 원칙을 발견한다.

이들은 각자 자기 아이디어를 굳게 믿었다. 그들은 꿈을 이루기 위한 발판을 마련하기 훨씬 전부터 자기 이력을 열거했다.

# 신뢰를 주는 경험 확인하기

다음 질문에 답하면서 당신의 목록을 만들어보라.

1. 당신의 궁극적 '이익'과 연결되는 과제 중 완료 경험이 있는 것은 무엇인가? (하나씩 열거해보라.)

2. 각각의 과제들을 완료하면서 무엇을 배웠는가?

3. 이러한 경험은 어떻게 미래를 향한 토대가 되는가?

4. 당시에는 과제가 너무 보잘것없다고 생각해 이력 쌓을 기회를 소홀히 한 적이 있는가? (이번 도약을 통해서는 어떤 인식을 새로 갖게 되었는가?)

5. 미래에 어떤 과제를 실행한다면 당신의 궁극적 '이익'에 가까워질까?

**8일**

# 진전

## 실현 과정 추적하기

투쟁이 없으면 진전도 없다.
**프레더릭 더글러스**

아이디어는 씨앗과 같다. 어떤 아이디어는 작은 결과를 낳고 어떤 아이디어는 큰 결과를 낳는다. 어떤 씨앗은 빠르게 결실을 맺고(옥수수 등) 어떤 씨앗은 느리게 결실을 맺는다(삼나무 등).

지혜로운 사람은 그 둘의 차이를 안다. 옥수수는 한 계절을 간신히 살아남는 반면, 거대한 삼나무는 1,200년 혹은 1,800년까지 살아간다. 우리는 삼나무만 한 아이디어를 옥수숫대만 한 아이디어가 자라는 속도와 비교한다. 그러다 보면 노력을 쏟다가 다 때려치우고 빠른 길로만 가고 싶은 유혹에 빠진다.

커다란 아이디어는 항상 표면 아래에서 시작한다. 씨앗과 마찬가지로 처음에는 보잘것없다. 하지만 올바른 땅에 심으면 잠재된 가능성이 아이디어를 천천히, 꾸준하게 깨운다.

이 사실은 세 번째 요소인 진전을 깨닫게 한다.

## 완벽한 아이디어를 구성하는 요소 #3: 진전

나는 진전할 때마다 그 크기에 상관없이 기뻐한다. 사실 진전은 사람들이 놓치거나 대수롭지 않게 여길 정도로 느리게 이루어진다. 낙담하는 것은 당연하다. 우리는 그 정도 진전을 위해 그야말로 산더미 같은 노력을 쏟아부었다. 하지만 실망하지 말자. 표면 아래에서는 실로 많은 일이 벌어지고 있다. 우리가 시험당하는 동안 아이디어는 깊게 뿌리 내리고 있다.

깊이는 중요하다. 뿌리가 깊지 않으면 아이디어가 표면을 뚫고 나왔을 때 그 아이디어의 무게를 지탱할 수 없기 때문이다. 뿌리가 깊으면 풍성한 열매를 맺는다.

내 이야기에서도 마찬가지다. 7일 차에서는 2014년 할리우드 스타들과 함께 내 책을 공개하겠다는 아이디어에 관해 이야기했다. 2013년에 그 약속을 공개하면서 시작했다.

역대 최고로 흥행한 영화의 20주년 기념 국제무대에서 책을 공개한다면 나의 '이유', 즉 2020년까지 100만 명의 영혼에 불을 지피는 일에 도움이 되리라는 사실을 알았다. 그래서 제안서를 조디에게 보냈다. 거기에 이력을 열거하면서 내가 더 큰 무대에서 활동할 준비가 되어 있고 그만한 열의와 능력을 갖추고 있음을 밝혔다.

마침내 나는 아이디어를 '판매'하고 '홍보'할 만반의 준비를 갖추었다. 여기서 판매를 '대접'serving으로, 홍보를 '스토리텔링'storytelling으로 다시 정의하겠다. 나는 의지가 충만한 채로 그들을 어떻게 대접하고 이야기를 들려줄 것인지 방법을 찾았다. 나는 두 가지 분명한 행동을 취했다.

### 1. 대접

그들에게 아침을 대접했다. 2014년 3월 27일, 쇼생크 위원회 회의가 예정된 것을 알고 있었다. 하지만 내가 회의에 참석할 수 없었기 때문에 그들에게 아침 식사를 배달시켰다. 많은 비용은 들지 않았지만, 꽤 강한 인상을 남겼다고 들었다. 조디는 내게 사진을 찍어 보내기까지 했다. 나는 대접을 통해 그들에게 내 아이디어를 '판매'했다.

### 2. 스토리텔링

그들을 위해 개인적으로 동영상을 제작했다. 나는 위원회에 속한 사람들의 이름을 물었다. 쇼생크 티셔츠를 챙겨 입고 스마트폰으로 동영상을 찍은 뒤 조디에게는 아침 식사 시간에 이 동영상을 틀어달라고 부탁했다. 나는 쇼생크가 내게 특별한 이유와 내가 하던 일을 그만두고 꿈꾸던 일을 시작한 경험에 관해 이야기했다. 또한, 구성원의 이름을 각각 언급하며 이 행사를 대중적으로 크게 성공시키는 일을 돕게 되어 설레는 마음을 전했다.
나는 스토리텔링을 통해 그들에게 내 아이디어를 '홍보'했다.

## 판매하고 홍보할 수 있는가?

수천 명의 작가, 연설가, 사업가를 지도하면서 판매에 관한 두려움에 대해 무수히 많이 들었다. 많은 사람이 자신은 판매와 홍보에 소질이 전혀 없다고 말한다. 나는 그들의 말을 듣고 고개를 끄덕인다. 그런 다음 그들에게 두 가지 간단한 질문을 던진다.

1. 대접할 수 있는가?
2. 이야기할 수 있는가?

이 질문을 들은 사람은 잠시 생각한 다음 싱긋 웃는다. "물론이죠." 그들은 웃으며 말한다. "그 정도면 대부분 할 수 있어요."

대부분 할 수 있지만 실제로 실행하는 사람은 거의 없다.

쇼생크 이야기로 돌아가보자. 조디에게 처음 이메일을 보내고 일주일이 지났을 때였다. 나는 앞서 말한 두 가지 간단한 행동을 취하고 자신을 아웃라이어로 만들었다.

결과는? 그날 오후 조디는 내게 이메일을 보내왔다.

캐리 작가님께,

위원님들이 너무 좋아하셨어요!

보내주신 맛있는 음식을 먹으면서 작가님의 동영상을 보고 회의를 시작했어요! 작가님 사진을 탁자 위에 올려놓고 음식들과 함께 사진을 찍었답니다.

작가님께서 제안한 아이디어를 모두 전달했고, 그분들은 작가님이 쇼생크 20주년 기념행사에 일원이 되시는 데 모두 찬성했습니다.

위원님들이 다음 회의 때 작가님을 직접 뵐 수 있을지 물어보셨어요. 4월

24일 목요일 오전 9시 소년원에서 진행됩니다. 이른 시간에 회의가 열리기 때문에 4월 23일 수요일에 퀄리티 인 앤 스위트 맨스필드 호텔 객실을 무료로 제공해드리겠습니다.

저는 다음 회의가 있어 사무실을 떠났다가 금요일에 돌아옵니다.

곧 다시 이야기하죠. 저희 회의를 특별하게 만들어주셔서 다시 한번 감사드립니다, 캐리 작가님!


## 아이디어가 자라도록 물 주기

어떤 사람들은 자라나는 작은 씨앗을 무시했을 수도 있다. 제안서 쓰는 일, 아침을 사는 일, 동영상 만드는 일이 어떻게 나의 '이익'에 더 가까이 데려다줄 수 있을까? 그리고 그 일은 할리우드 스타들에게 내 책을 공개하는 일과 어떤 관계가 있을까?

나는 아내에게 이메일을 보여줬고 친구 데이비드에게 전화를 걸어 조디의 답변을 읽어주었다. 아마 두 사람 다 내가 조금 미쳤다고 생각했을 것이다. 나는 그들의 미적지근한 반응에 조금도 동요하지 않았다. 나는 진실을 알았기 때문에 큰 승리를 거두었다고 마음속 깊이 믿었다. 작은 씨앗이 자라고 있음을 알고 있었고 진전을 이룬 것을 자축했다. 나는 매 단계 얼마나 진전했는지를 다음과 같이 추적해왔다.


1. 조디의 이름을 찾았을 때

2. 조디에게 첫 번째 이메일을 쓰고 전송 버튼을 눌렀을 때

3. 제안서의 첫 단어를 썼을 때

4. 제안서의 마지막 단어를 썼을 때

5. 근처 가게에서 아침 식사를 주문했을 때

6. 아침 식사 비용을 계산했을 때

7. 동영상을 찍기 위해 모두의 이름을 외웠을 때

8. 동영상을 보냈을 때

9. 조디에게서 사진을 받았을 때

10. 조디의 이메일 답장을 받았을 때

나는 이 열 가지 일을 축하했고, 아마 그동안 백 가지도 더 자축했을 것이다. 나는 내 '이익'에 가까워질 때마다 다음 구절을 자주 되뇐다.

완벽함은 빠름을 의미하지 않는다. 앞으로 나아감을 의미한다.

아이디어 실현을 위한 행동을 하는 한 우리는 앞으로 나아가는 중이다. 따라서 후퇴한다고 느낄 때조차 그것을 의미 있는 움직임으로 받아들이고 자축할 수 있다.

당신의 가슴속에 삼나무만 한 꿈이 있음을 확인하라. 결실은 하룻밤 사이에 이루어지지 않는다. 시간이 흐르면서 서서히 나타나기 때문에 진전 상황을 추적해야 한다. 우리에게는 선택권이 있다.

# 실현 과정 추적하기

다음 질문에 답하면서 당신의 진전 상황을 추적해보라.

1. 당신의 '이익'을 되돌아보라. 어떠한 결실을 보았는가? 크든 작든 진전을 나타내는 증거를 빠짐없이 나열하라.

2. 생각만큼 빨리 큰 결실을 보지 못해 과거의 '이익'을 포기한 적이 있는가? 오늘 과제를 수행하고 나서 앞으로 어떤 새로운 다짐을 할 것인가?

3. 당신의 '이익'은 옥수숫대만 한 아이디어인가, 삼나무만 한 아이디어인가? 왜 그렇게 생각하는지 증거를 대보라.

4. 그만두지 않는 한 '이익'을 확실히 성취할 수 있다면 계속 노력할 것인가? 그렇다면 혹은 그렇지 않다면 이유는 무엇인가?

5. 당신의 '이익'에 더 가까이 다가가려고 할 때 시도할 만한 크고 작은 행동 다섯 가지는 무엇인가? 목록을 검토하고 첫 번째로 취할 행동을 표시하라. 24시간 안에 그 행동을 실행하라.

9일

# 열정
## 포기를 포기하기

타인의 부정적 생각으로부터 당신의 열정을 보호하라.
**H. 잭슨 브라운 주니어**

　　내 사무실 책장 위에 걸린 나무판자에는 이런 문구가 적혀 있다.

　　지금 당신의 꿈이 두렵지 않다면 그보다 더 큰 꿈을 가져라.

　　모든 '이익'은 어느 정도 비평과 냉소를 끌어당긴다. 그렇지 않다면 그 '이익'은 지나치게 안전하게 정해진 것인지도 모른다. 하지만 우리는 커다란 '이익'을 꿈꾼다. 당연하게도 의심과 비판도 뒤따른다.

　　다른 사람이 하는 말은 통제할 수 없지만, 그 말에 어떻게 반응할지는 내가 정할 수 있다. 나를 싫어하는 사람들과 어울리면 스스로 해킹에 자신을 내어놓는 셈이다. 그렇게 되면 그들이 머리와 가슴 한 부분을 차지해 우리는 초점을 잃을 수 있다. 자신이 옳음을 증명하는 게 목표라면 힘을 빼앗긴다. 하지만 '이익' 성취가 목표라면 이 싸움이 되려 마음을 단단하게 만든다.

나를 싫어하거나 비평하는 사람들과 말다툼을 벌이지 말고 아이디어의 출처를 확인하라. 내 아이디어는 하늘에서 받은 것이고, 내가 할 일은 그 '이익'을 실현하는 것이다.

유일하고 진정한 실패는 열정을 잃어버리는 것이다. 윈스턴 처칠은 이 현실을 이해했다. 그는 이렇게 말했다. "성공은 열정을 잃지 않고 하나의 실패에서 또 다른 실패로 옮겨가는 과정에서 이루어진다."

그의 말에서 네 번째이자 마지막 요소인 '열정'을 발견한다.


## 완벽한 아이디어를 구성하는 요소 #4: 열정

지금까지 《쇼생크 탈출》 20주년 기념행사에서 할리우드 스타들과 함께 내 책을 공개하는 일을 예로 들어 완벽한 아이디어를 구성하는 세 요소(약속, 이력, 진전)를 공유했다.

물론 우리는 사소한 난관을 겪기도 했다. 영화 에이전시에서는 회신이 없었고, 어떤 찬조 출연자는 확답을 주지 않았다. 하지만 나는 내내 열정을 잃지 않고 계속 계획하고 준비했다.

8월의 어느 특별한 주말에 나는 행사 명단에 올랐고, 책은 국제무대에서 함께 공개되었다. 이 소식은 『뉴욕타임스』, 『로스앤젤레스 타임스』 등 많은 매체에 실렸다.

내 경험은 특별하지 않다. 커다란 '이익'을 이룬 사람들을 연구해보면 거의 모두가 인내력을 시험당하는 상황에 직면했다는 사실을 알 수 있다. 그들의 선택은 분명했다. 버티거나 더 세게 밀어붙이거나 둘 중 하나였다.

유튜브에서 수십억 조회 수를 기록한 바이올리니스트 린지 스털링 Linsey Stirling에게서도 이 결정적 순간을 확인할 수 있다. 이름이 세계에 알려지기 전 그녀는 미국 텔레비전 프로그램 〈아메리카 갓 탤런트〉에서 공연했다. 그녀는 수상과 거리가 멀었고 심사위원들도 그렇게 평가했다. 라이브 공연이 끝나고 몇 초 후 심사위원들은 수백만 명의 시청자가 듣는 가운데 자신의 의견을 말했다.

- 세계적인 바이올린 실력을 갖추지 않으면 지금처럼 음을 수도 없이 놓칠 거예요. … 가끔 쥐 떼가 비명 지르는 소리처럼 들릴 때가 있었어요.
- 재능이 없지는 않지만, 공중을 날아다니면서 동시에 바이올린을 멋지게 연주해낼 만큼 뛰어나지는 않아요.
- 작은 만화 캐릭터가 생각나네요. 문제는 당신이 그룹에 속해 있어야 한다는 거예요. 가수가 필요해요. 지금 실력만으론 라스베이거스 극장 하나를 채우기에 부족해요.[11]

스털링은 심사위원들이 옳았다는 사실을 인정했다.

그들의 말을 인정하는 데 몇 년이 걸렸어요. 그 동영상에서 저는 별로였어요. 그래서 그 프로그램에서 탈락했을 때 그리고 심사위원들이 심한 말을 했을 때 속상했던 것 같아요. 그 말이 사실이라서요. 바이올린을 연주하면서 춤추

거나 공중을 날아다닐 수 있을 만한 기량을 키우진 못했어요. 정말 어렵거든 요.[12]

다행히도 그녀는 거기서 포기하지 않았다. 대신 새로운 이야기를 쓰기로 했다. 기뻐할 이유를 찾기 힘든 결과를 마주할 때도 열정을 잃지 않았다.

## 열정으로 만들어가는 기적

트웬티원 파일럿Twenty One Pilots은 2011년 첫 번째 공연을 위해 도시를 벗어났다. 얼마나 많은 사람이 그들의 노래를 듣기 위해 찾아왔을까?

12명.

하지만 이때 영상을 보면 타일러 조셉Tyler Joseph과 조시 던Josh Dun의 열정은 동일하다는 사실을 알 수 있다.[13] 그들은 큰 성공을 거두고 1만 2천 명 앞에서 공연하면서도 12명 앞에서 공연할 당시와 같은 열정을 내뿜었다. 몇 년 후 2017년 2월 12일에는 1년 중 시청률이 가장 높은 그래미 시상식에서 2천만 명이 넘는 관객 앞에서 같은 열정을 드러내며 최고의 팝 듀오/그룹 퍼포먼스 상을 받았다.

그들의 비법은 다음과 같다.

열정은 큰 무대에 선 결과가 아니다.
열정은 큰 무대에 서게 만드는 무엇이다.
열정은 원인이지 결과가 아니다.
열정은 뿌리이지 결실이 아니다.

12명 앞에서 열정이 생기지 않는다면 1만 2천 명 혹은 1,200만 명이 앞에 있더라도 마찬가지이다. 나는 16년 넘게 책을 써왔고, 행사는 그보다 오랜 기간 진행해왔다. 초기에 진행한 행사 중 잊히지 않는 행사가 있다. 일곱 명이 참석했다. 당시는 팀을 꾸리기 전이어서, 이름표 나눠 주는 일을 도와줄 사람도 없었다.

목표의 10퍼센트도 안 되는 사람이 와서 낙담했을까?

전혀 그렇지 않았다! 나는 그 일곱 명을 왕처럼 대했다.

책 사인회에 아무도 오지 않은 적도 있었다. 음, 그것도 두 번이나 그랬다. 핵심은 내가 멈추지 않았다는 사실이다. 오늘날까지 우리는 수백 번의 현장 행사와 그보다 더 많은 온라인 행사를 진행해왔다. 지금까지 수만 명이 참석했지만, 오늘 나는 일곱 명이 참석한 첫 행사 때만큼 열정적이다.

# 포기를 포기하기

1. 당신과 당신의 '이익'을 지지하는 사람이 아무도 없다고 해보자. 기분이 어떨까? 더 중요하게는, 그 상황에 어떻게 반응할 것인가?

2. 현재 당신의 일에서 열정을 키울 수 있는 가장 실용적인 방법을 세 가지만 생각해보자.

3. '이익'이 오직 하늘에서 당신에게 주어진 것임을 받아들인다면 '이익'에 접근하는 당신의 방식은 어떻게 달라질 수 있을까?

4. 다음 사항을 실천하기 위해 의식적으로 노력할 것인가?

    난관을 기회로 바꾸겠다.

    **예 ☐          아니요 ☐**

    이 싸움을 마음을 단단히 다지는 연료로 삼겠다.

    **예 ☐          아니요 ☐**

    열정을 가지고 행동하겠다.

    **예 ☐          아니요 ☐**

**10일**

# 창조
## 실행 아이디어 추리기

모든 것은 두 번 창조된다. 첫 번째는 마음속에서, 그다음은 현실에서.
**로빈 샤르마**

이 책을 읽으면서 이런 말을 한 적이 있는가?

나는 내 '이익'이 뭔지 아직 모르겠어.

내 아이디어는 여전히 모호해.

내가 올바른 방향으로 가고 있는지 확신이 안 서는데?

이 중 한 가지 생각이라도 해봤다면 지극히 정상이다. 상황을 잘못 파악하거나 바보가 된 기분을 느끼고 싶은 사람은 아무도 없다.

하지만 이상하게도 이런 생각에 '머무른' 사람은 결코 긍정적인 결과를 만들어내지 못했다. 내 경험에 따르면 진실은 이렇다.

나는 아무것도 확실히 알지 못해.

내 아이디어는 처음부터 항상 모호했어.

내 '이익'을 100퍼센트 명확히 아는 경우는 정말 드물지.


　나는 어떤 것도 확신할 수 없지만, 언제나 행동이 필요하다는 사실 하나만은 확실히 안다. 사람들은 대부분 이런 대답을 좋아하지 않는다. 그들은 행동을 취하기 '전에' 명확하게 정해진 것을 원한다. 하지만 명확성은 우리가 행동을 '취하면서' 따라올 뿐이다. 우리가 헤쳐나가는 길에는 처음부터 확실하거나 명확한 게 있을 수 없다.

　우리는 길이 어디로 이어지는지 정확히 알려주는 모든 단계가 표시된 지도를 원한다. "모든 단계가 파악되면 첫걸음을 내디딜 거야." 하지만 이런 사고방식은 '해킹 차단력'이 작용하는 방식과 완전히 반대다. 각 단계는 보통 보이지 않는 곳에 숨어 있으며 그래야만 한다. 1단계를 실천할 의향이 없다면 2단계를 알 자격이 없다. 게다가 2단계를 미리 알게 된다면 부담을 느껴 시작하기도 전에 멈출 것이다.

　또한, 많은 사람이 놓치는 또 한 가지 진실이 있다. 우리는 몇 단계를 밟고 나면 아주 다른 사람으로 변한다. 각 단계를 거치면서 더 큰 단계를 감당하는 사람으로 성장한다. 더 많은 단계를 밟아갈수록 더 큰 역량을 갖추게 된다. 게다가 우리는 이 과정이 어떻게 끝날지 알 수 없다. 다만 어떻게 시작하는지만 알 뿐이다. 이 사실은 카일 메이너드<sup>Kyle</sup> <sup>Maynard</sup>의 삶에서 잘 확인할 수 있다.

　카일에게는 큰 꿈이 있었다. 바로 킬리만자로산을 오르는 일이었다. 킬리만자로산 등반은 누구에게나 힘든 일이다. 그런데 그에게는 또 다른 문제가 있었다. 카일은 손과 발이 하나도 없이 태어났다는 것이다. 그는 선천적 사지절단증 환자였다.

킬리만자로산을 오르겠다는 그의 꿈에는 다음과 같은 네 가지가 담겨 있다.

### 1. 그는 자신의 '약속'을 주장했다.

등반을 시도하기 몇 달 전인 2011년, 그는 ABC 뉴스와의 인터뷰에서 자신의 비전을 이렇게 설명했다.

> 제가 등반하는 큰 이유는 장애인이 된 참전 용사들과 전 세계 장애 아동들에게 메시지를 전하는 것입니다. 삶에 어려움이 있다고 해서 포기해선 안 된다는 것을 알려주고 싶어요. 고난에서 어떻게 의미를 이끌어낼지는 자신이 결정하는 거니까요.[14]

### 2. 그는 자신의 '이력'을 열거했다.

카일이 처음부터 6천 미터 높이의 산에 오르겠다고 생각한 것은 아니었다. 이 큰 꿈은 그가 오랜 시간 작은 꿈을 꾸준히 성취해온 결과였다. 각각의 작은 '이익'은 그가 더 큰 '이익'을 가진 더 큰 사람으로 성장하는 데 도움이 되었다. 그의 이력이 향하는 방향에 주목하라.

- 열한 살 때 미식축구팀에서 노즈 태클(세 명을 배치한 수비선의 중앙―옮긴이)을 담당했다.
- 고등학교 시절에 레슬링을 했으며, 3학년 때만 36승을 기록했다.

- 109킬로그램을 벤치 프레스로 23번 연속 들어 올려 GNC가 수여한 '세계에서 가장 강한 십 대' 타이틀을 거머쥐었다.
- 2004년 ESPN 에스피상 '최고 장애인 운동선수' 부문을 수상했다.
- 패션 잡지 『배너티 페어』(Vanity Fair)와 의류 브랜드 아베크롬비앤피치Abercrombie & Fitch의 '스타스 온더 라이즈' 카탈로그에 그의 사진이 실렸다.
- 2004년 스포츠 인도주의자 명예의 전당에서 대통령상을 수상했다.
- 조지아 대학교에 진학해 레슬링 팀에 들어갔으나 자신이 쓴 책을 홍보하고 연설 경력을 쌓기 위해 학기가 시작하자마자 레슬링을 그만두었다.
- 조지아 대학교에 다니는 동안 '워싱턴 스피커스 뷰로'Washington Speaker's Bureau에서 동기 부여 전문 연설가로 일을 시작했다.
- '오프라 윈프리 쇼'와 '래리 킹 라이브'를 비롯한 토크쇼에 출연했다.
- 『뉴욕 타임스』 베스트셀러 자서전 『변명은 없다』를 썼다.
- 2007년 MMA 경기에 처음 출전했다.
- 2008년 조지아주 스와니에 크로스핏 전문 시설인 '노 익스큐스 크로스핏No Excuses Crossfit 체육관을 개관했다.

## 3. 그는 '진전' 상황을 추적했다.

카일은 처음에 자기 꿈을 어떻게 성취할지 몰랐다. 아무도 그가 가야 할 길을 알려주지 않았다. 하지만 카일은 멈추지 않았다. 완벽함에 초점을 맞추기보다 행동에 초점을 맞췄다. 그는 말 그대로 첫걸음을 내디뎠다. 그리고 진전 상황을 추적했다.

그의 훈련은 콜로라도에서 호텔 수건 몇 개와 청테이프 한 롤로 시작되었다. 『귀넷 데일리 포스트』(Gwinnet Daily Post)의 한 기사에서 그의 훈련을 묘사한 바 있다.[15] 이후 '미션 킬리만자로'라는 여행의 공동 지도자가 된 댄 애덤스<sup>Dan Adams</sup>를 소개받은 뒤, 두 사람은 곧바로 서부로 떠나 카일이 등산할 수 있는 안전한 방법을 찾으려고 애썼다. 아무리 생각해봐도 카일은 오직 기면서 산에 오를 수밖에 없었고, 이렇게 하면 그의 절단 부위가 더욱 약해질 게 분명했다. 그들은 수건과 청테이프를 사용해 누가 봐도 어설픈 보호 장비를 만들었다.

"확실히 첫 번째 관문에서 성공할 방법은 아니에요." 카일은 웃으며 말했다. 그들은 오랜 시간에 걸쳐 여러 번 시험을 거치면서 몇 가지 다른 방법을 시도했다. 오븐용 벙어리장갑, 카약 스티로폼을 안에 넣은 산악용 자전거 타이어 조각을 거쳐 마침내 특수 제작한 탄소 섬유 장갑과 부츠를 사용해 보호 장비를 만들었다. 애덤스는 말했다. "실제로 훈련을 하면서 장비를 개선하고 무엇이 효과 있고 무엇이 효과 없는지 가려냈어요. 매번 조금씩 더 효율적으로 발전했죠."

### 4. 그는 '마음'을 단단히 다졌다.

카일은 똑바로 땅을 쳐다보며 날이면 날마다 기어올랐다. 육체적으로 자세를 잡기도 쉽지 않았다. 하지만 카일은 자신의 '꿈'으로 향하는 내내 정신적으로 자세를 단단히 다졌다.

> 95퍼센트는 정말 고역이에요. 흙만 쳐다봐야 하거든요. 친구들과 이야기를 나눌 수도 없고 멈춰 서서 일부러 바라보지 않는 한 아름다운 광경을 볼 수조차 없어요. 하지만 나머지 5퍼센트는 그야말로 놀라워요. 휠체어가 데려다줄 수 없는 곳에 다다를 수 있거든요. 그곳에 가서 제 삶을 의미 있게 만들고

싶어요. 내려와서 산을 바라보면 우리가 이룬 것이 보여요. 그저 감탄이 나오죠. 우리가 그 위에 올라간 것은 별로 좋은 생각은 아니었겠지만, 분명 아름다웠어요.[16]

# 실행 아이디어 추리기

'이익 시트'Boon Sheet를 완성해 당신의 아이디어를 적어보라. 모든 '이익'에는 다음 요소가 포함된다. 이것은 내가 인생과 사업에서 무언가를 만들 때마다 사용하는 틀이다. 모든 현장 행사와 온라인 클래스도 이 틀 안에서 조직한다.

- 누가
- 무엇을
- 언제
- 어디서
- 왜
- 어떻게

카일은 이렇게 말했다.

킬리만자로산에 오르고 싶다고 말했어요. '도대체 어떻게 해야 올라갈 수 있지?' 전 이렇게 말할 수밖에 없었죠. "나는 몰라." 이것이 제 삶에서 가장 중요한 문장이에요. 모든 발견은 "나는 몰라"에서 시작하죠. 심지어 제가 할 수 있을지 없을지도 몰라요. 하지만 어떻게 될지 확인해보고는 싶어요. 그곳에 올라갈 방법을 찾아보고 싶었어요.[17]

이제 당신만의 '이익 시트'를 완성할 차례다. 너무 깊이 생각하지 마라. 완벽을 목표로 삼지 말고, 행동을 목표로 삼아라. 지금은 명확하지 않을 것이다. 당신의 '이익'이 무엇인지조차 모를 것이다. 지금 이 순간 상태 그대로 각 항목을 채워 넣으라. 여전히 혼란스럽거나 모호하다고 느낀다면 각각의 대답 앞에 '지금 최대한 추측할 수 있는 부분은…'이라는 말을 붙여보라.

　이제 '이익 시트'를 작성해보자. 즐기는 것을 잊지 마라.

## 이익 시트

**누가.** 누가 내 '이익'과 관련되어 있는가?

**무엇을.** 내 '이익'은 무엇인가?

**언제.** 내 '이익'은 언제 실현되는가?

**어디서.** 내 '이익'은 어디서 실현되는가?

**왜.** 왜 이 '이익'을 실현해야 하는가?

**어떻게.** 내 '이익'을 어떻게 실현할 것인가? (맨 처음 취할 행동만 적어라.)

**11일**

# 시간

## 이익 수표 발행하기

우리의 '이익'(꿈)을 위협하는 가장 큰 요인은 의심이나 부정적인 시선이 아니다. 자기 자신, 더 구체적으로는 자신의 불신이다. 우리를 의심하고 미워하는 남의 시선을 걱정할 필요가 없다. 우리 내면에 자리 잡은 의심과 미움을 먼저 직면해야 한다.

'이익'을 추구하면서 직면하는 가장 일반적인 요소는 시간과 공간이다. 우리 스스로 이런 말을 했을 수도 있다.

내 '이익'(꿈)은 아직 이뤄지지 않았다. (시간의 제약)
내 '이익'(꿈)은 아직 보이지 않는다. (공간의 제약)

오늘은 시간의 제약을 다루고 내일은 공간의 제약을 다루겠다.

## 두 번째 창조라는 개념

첫 번째 창조와 두 번째 창조를 더 정확히 이해하기 위해 『묘약 프로젝트』에서 발췌한 다음 내용을 읽어보자.

"좋아요, 5분 남았어요. 양자물리학의 한 부분을 한번 설명해볼게요." 데이먼은 말했다. "우리는 수업 시간에 유명한 이중 슬릿 실험과 물질이 동시에 두 곳에 존재할 수 있다는 원리를 공부했어요. 그렇다면 아이디어도 동시에 두 곳에 존재할 수 있지 않겠어요? 아이디어는 생각이고 생각은 전기 에너지예요. 이 말은 아이디어가 전자를 가지고 있다는 뜻이고, 우리는 전자가 동시에 두 곳에 존재할 수 있다는 사실을 알고 있죠."

"그럼 아이디어도 동시에 두 곳에 존재할 수 있다는 건가요?" 데이먼과 나는 동시에 외쳤다. 나는 데이먼이 무슨 말을 할지 이해하고는 불쑥 끼어들었다.

"아이디어는 사람의 마음속에 나타나요. 그리고 동시에 우주 어딘가에 존재합니다."

피닉스는 미소를 지으며 대화에 활력을 더했다. "이 운동 센터처럼 말이죠. 건축가는 이 건물을 상상했어요. 그는 상상하면서 마음속에 처음으로 센터를 만들었고요. 몇 년 후, 마지막 벽돌이 놓였을 때 그 아이디어는 두 번째로 완성되었지요. 아이디어의 '발상'이 첫 번째 창조라면, '실현'은 두 번째 창조인 셈이네요."

"그 말은 생각만 하면 이룰 수 있다는 뜻인가요?" 카르메가 물었다.

"그보다 더 엄청나요." 데이먼이 대답했다.

"생각하는 순간 이미 이뤘다는 뜻이죠."

## 동시에 두 곳에 존재하는 아이디어

해킹 불가한 존재가 되고자 할 때 양자역학 전문가가 될 필요는 없지만 양자 얽힘quantum entanglement, 즉 물질은 동시에 두 곳에 존재할 수 있다는 이론은 알아두어야 한다. 당신이 여기에 동의하는지 안 하는지는 중요하지 않다. 현재까지는 맞다고 밝혀진 진실이니까.

내가 '해킹 차단력 얽힘Unhackability Entanglement'이라고 칭한 다음 단계를 참고하라.

물질은 동시에 두 곳에 존재할 수 있다.

⬇

아이디어는 생각이며 생각은 전기 에너지다.

⬇

아이디어는 전자를 가지고 있고 전자는 동시에 두 곳에 존재할 수 있다.

⬇

아이디어도 동시에 두 곳에 존재할 수 있다.

⬇

아이디어는 생각을 떠올리는 사람의 마음속에 나타난다.

(첫 번째 창조)

⬇

바로 그 아이디어는 동시에 우주 어딘가에 존재한다.

(두 번째 창조)

## 양자적 얽힘에 관한 성경의 사례

'해킹 차단력 얽힘'이라는 주제와 관련해 종교와 과학이 어떻게 말하는지 궁금할 것이다. 성경은 첫 번째, 두 번째 창조 모두 인정하고 있다.

여자를 보고 음욕을 품는 사람은
이미 마음으로 그 여자를 범하였다.
_마태복음 5장 28절

성경에 기록된 예수의 가르침에 따르면 우리가 마음속으로 어떤 생각을 품으면(첫 번째 창조) 가슴속에 행동도 함께 품는다(두 번째 창조). 나아가 우리는 상상 속 아이디어를 바탕으로 평가받고 보상받을 것이다.
긍정과 부정으로 나뉘는 우리 생각은 시간 또는 공간으로 분리되지 않는다. 예수는 다른 사례를 제시한다.

내가 진정으로 너희에게 말한다.
무엇이든지, 너희가 땅에서 매는 것은 하늘에서도 매일 것이요,
땅에서 푸는 것은 하늘에서도 풀릴 것이다.
_마태복음 18장 18절

예수에 따르면 천국과 땅에서 일어나는 일 사이에는 경계가 없다. 마치 미시 세상과 비슷하다. 알베르트 아인슈타인은 이 얽힘 개념을 '유령 같은 원격 작용'이라고 불렀다.
일일 과제를 통해 곧 적용할 테지만, 신앙과 과학의 세계에는 이곳

에 있는 누군가의 생각이나 행동이 저곳에 있는 누군가 또는 무언가에 즉시 영향을 미친 사례가 넘쳐난다. 예수가 백부장의 하인을 치유한 이야기에서도 이를 확인할 수 있다.

예수께서 가버나움에 들어가시니, 한 백부장이 다가와서 그에게 간청하여 말하였다.

"주님, 내 종이 중풍으로 집에 누워서 몹시 괴로워하고 있습니다."

예수께서 그에게 말씀하셨다.

"내가 가서 고쳐주마."

백부장이 대답하였다.

"주님, 나는 주님을 내 집으로 모셔들일 만한 자격이 없습니다. 그저 한 마디 말씀만 해주십시오. 그러면 내 종이 나을 것입니다. 나도 상관을 모시는 사람이고, 내 밑에도 병사들이 있어서, 내가 이 사람더러 가라고 하면 가고, 저 사람더러 오라고 하면 옵니다. 또 내 종더러 이것을 하라고 하면 합니다."

예수께서 이 말을 들으시고, 놀랍게 여기셔서 … 백부장에게 "가거라. 네가 믿은 대로 될 것이다" 하고 말씀하셨다. 바로 그 시각에 그 종이 나았다.

_마태복음 8장 5~13절

"말한 대로 이루어지리라"라는 아브라카다브라를 경험한 것이다. 예수가 생각하는 바로 그 순간 생각이 실현되었다. 생각과 실천 사이에 틈이 전혀 없었다. 이를 목격한 사람들은 이 일화를 기적이라 불렀다. 이 사건을 과학적으로도 설명할 수 있을까?

## 중력의 법칙만큼 보편적인

과학계는 최첨단 실험을 통해 이 현상을 확인했다. 세계적인 과학학술 주간지 『네이처』에는 다음과 같은 글이 실렸다.

> 물체는 동시에 여러 상태에 있을 수 있다. 예를 들어, 한 원자가 동시에 두 장소에 있거나 반대되는 두 방향으로 회전할 수 있다. 어떤 물체를 측정하는 순간 그 물체는 하나의 뚜렷한 상태로 들어간다. 게다가 서로 다른 물체의 특성이 서로 '얽힐'entangled 수 있으며, 이는 물체의 상태가 서로 연결되어 있어 한 물체의 특성을 측정하면 해당 물체와 얽혀 있는 쌍둥이 물체의 특성 또한 정해진다는 것을 의미한다.[18]

인간 쌍둥이는 흔히 독특한 현상을 경험한다.

> 많은 사람이 일란성 쌍둥이는 서로 바다를 사이에 두고 떨어져 있어도 한 명이 위험에 처하면 때때로 그 위험을 감지할 수 있다고 믿는다. 하지만 과학자들은 이러한 주장에 회의적인 시선을 던져왔다. 이런 기묘한 연결이 어떻게 가능한지 분명하지 않기 때문이다. 하지만 그들은 물리학 분야에서도 이에 못지않게 이상한 이론을 직면해야 했다. 입자가 아무리 멀리 떨어져 있더라도, 심지어 우주 반대편에 있더라도 강하고 안전하며 희석되지 않은undiluted 상태를 유지하는 입자 사이에 동시적인 연결이 이루어진다는 이론이다. 아인슈타인은 죽을 때까지 이 연결을 부정했지만, 현재 이 연결의 존재는 논쟁의 여지가 없다. 이 연결의 이름은 '얽힘'이다.[19]

과학에 동의하지 않는 독자는 이 내용 전부 희망 사항에 불과하다고 여길 것이다. 이해되지도 않고 이해하고 싶지 않을 수도 있다. 하지만 이 이론은 중력의 법칙과 비슷하다. 중력에 동의하거나 그 원리를 이해할 필요는 없지만, 우리는 여하튼 중력의 지배를 받는다. 건물 난간에서 발을 떼어보면 바로 중력의 법칙을 체감한다.

이처럼 보편 법칙을 존중하면 살아가는 데 유리하다. 중력의 법칙을 이용하면 비행기 여행이나 고층 건물이 들어찬 도시를 만들어낼 수 있다. 중력의 법칙을 거부하면? 결국 중상을 입거나 죽음을 맞이한다.

## 이익 수표 쓰기

배우 짐 캐리는 자기가 경험한 1,000만 달러짜리 수표에 얽힌 일화를 소개했다. 1997년 '오프라 쇼'에서도 공개했다. 그는 온 가족이 한동안 친척집 잔디밭에 폭스바겐 밴을 주차해놓고 그 안에서 생활해야 했을 정도로 매우 가난한 가정에서 자랐다. 많은 사람은 가족의 가난이 캐리에게 대물림될 거라며 말했지만, 그는 다르게 생각했다.

캐리는 자기 삶에 더 큰 소명이 있다고 믿었다. 그는 열 살 때 '캐럴 버넷 쇼'에 이력서를 보내기도 했다. 언젠가 부자가 되겠다는 희망을 한순간도 잃지 않았다. 부자 되는 것은 그의 '이익'이었고, 아무도 그의 뜻을 꺾을 수 없었다.

로스앤젤레스에서 출세하려고 고군분투하던 젊은 만화가였던 그는 1992년 어느 날 밤에 낡아빠진 토요타 자동차를 끌고 언덕 꼭대기까지 올라갔다. 그곳에 앉아 도시를 내려다보며 자신의 미래를 꿈꾸던 중 자신에게 1,000만 달러짜리 수표를 썼다. 메모난에 '출연료'라고 적고 지급 일자는 1995년 추수감사절로 적었다. 그는 그 수표를 지갑에 넣은 채 몇 년 동안 늘 지니고 다녔다.

그리고 3년 뒤 추수감사절 직전에 그는 영화《덤 앤 더머》출연료로 1,000만 달러를 받는다는 사실을 알게 되었다.[20] 캐리는 앞서 언급한 보편 법칙을 이용했다. 그는 마음속 이미지를 만들어냈고 수표를 써서 행동으로 옮겼다. 그만한 액수의 돈을 소유하기까지 3년이 걸렸다.

캐리의 '이익 수표'는 중요한 세 가지 요소인 금액, 날짜, 이유를 포함했다. 그가 쓴 수표를 살펴보라.

금액: 1,000만 달러

지급 일자: 1995년 추수감사절

이유: 출연료

# 이익 수표 발행하기

이러한 첫 번째 및 두 번째 창조 과정은 완벽한 아이디어를 구성해 해킹 불가한 존재가 되고 '이익'을 성취하는 데 중요한 역할을 한다.

 준비가 되었든 안 되었든 당신도 '이익 수표'를 써보길 강력히 권한다. 스캔하거나 인쇄해서 지갑에 넣고 다녀도 좋고 거울에 붙여놓아도 좋다. 디지털 방식을 선호한다면 휴대폰으로 사진을 찍어 바탕 화면이나 배경 화면으로 사용해도 좋다. '이익 수표' 작성 시 중요한 세 가지 요소를 포함하라.

◯
이익 수표

지급일자 _____

받는 사람 _____   ₩ _____ 원

메모 _____

## 금액

돈은 항상 수많은 감정을 불러일으킨다. 우리는 자신이 그만한 돈을 벌 만한 자격이 있는지 의심한다. 돈은 우리를 망가뜨리지 않는다. 우리를 드러낼 뿐이다. 돈은 단지 도구이며, 좋은 일에 혹은 나쁜 일에 쓰일 수 있다. 돈은 악하지 않으며 우리에게 선택권을 준다. 돈은 마치 확대경과 같으며, 더 크고 뚜렷한 방식으로 우리를 표면 위로 끌어올린다.

어쩌면 자신의 '이익'이 아무 가치 없다고 생각될 수도 있다. 아니면 자신의 '이익'에 돈을 지불할 사람이 있을지 의문이 들 수도 있다. 이런 종류의 사고는 비생산적이다. 그래도 자신을 위한 액수를 적기가 부담스럽다면 남을 위한 액수를 적어보라. 자선단체에 기부하고 싶은 금액을 적어도 좋다.

발명가들이 발명을 시작하기 전에 그 가치를 의심했다면 아무것도 만들어지지 않았을 것이다. 클립, 비닐봉지, 빨대, 포스트잇 역시 처음에는 꽤 바보 같은 생각처럼 보였다.

## 날짜

최선을 다하되 최종 목표로 삼지 마라. 대신 불완전하겠지만 행동을 취하라. 날짜를 고르고 아이디어를 종이에 적어 현실로 만들어라.

## 설명

메모난에 당신의 '이익'을 한 문장으로 줄여 써보라. 자신을 "웃기는 사람"이라고 불렀던 짐 캐리는 '출연료'라고 적었다. 나는 "묘약 프로젝트 영화"를 적었다. 이 활동이 부담되거나 불편하다면 좋은 신호다! 당신은 성장하고 있으며 성장은 해킹당하지 않는 존재가 되는 데 필수적이니까.

**12일**

# 공간

## 비전보드 사용하기

꿈꿀 수 있다면 이룰 수 있다.

**월트 디즈니**

"내 이익(꿈)은 아직 이뤄지지 않았다"라는 시간의 제약에 이어, "내 이익(꿈)은 아직 보이지 않는다"라는 공간의 제약을 어떻게 극복할 수 있을지를 알아보겠다. 이를 이해하기 위해 만화가, 랍비, 작가, 혁신가를 만날 것이다. 그들은 각각 공간의 제약이 왜 우리 마음속에만 존재하는지 그 진실을 알려줄 것이다.

### 진실 #1. 분명한 '이익'은 당신이 죽어서도 지속된다.

전 디즈니 대학 학장인 마이크 밴스는 그의 책『독창적으로 생각하라』(*Think out of the Box*)에서 월트 디즈니의 유산에 관해 다음과 같은 이야기를 들려준다.

월트가 중병에 걸렸다는 사실을 알고 있던 한 기자는 월트와 인터뷰하려 시도했지만, 의료진의 반대로 거듭 실패했다. 그가 마침내 병실로 들어갔을 때 월트는 침대에서 몸을 일으킬 수 없었고 속삭이는 것 이상으로는 말을 할 수도 없었다.

월트는 기자의 귀에 대고 속삭일 수 있도록 기자에게 침대에 누우라고 알려줬다. 그러고 나서 30분 동안 월트는 기자와 나란히 누운 채로 침대 위 천장에 디즈니월드의 가상 지도를 그렸다. 월트는 다양한 놀이기구와 건물을 배치할 위치를 가리켰다. 그는 교통수단, 호텔, 식당을 비롯해 앞으로 6년 동안 대중에게 개방되지 않을 땅에 대한 그의 비전 중 많은 부분을 이야기했다.[21]

월트는 1966년 12월 15일에 숨을 거두었다. 매직 킹덤(월트디즈니 월드 리조트에 있는 네 개의 테마 중 하나를 말한다―옮긴이)은 1971년 10월 1일 문을 열었다.

매직 킹덤 완공 직후 누군가가 말했다. "월트 디즈니가 디즈니랜드를 못 보고 떠난 게 너무 아쉽지 않나요?" 밴스는 대답했다.

"월트는 봤어요. 그래서 디즈니랜드가 여기 있는 거예요."

### 진실 #2. 현재의 고통 속에서 미래의 '이익'을 볼 수 있다.

예수의 삶에서 가장 암울했던 날을 기억하는가? 그는 겟세마네 동산에 있었고 제자 유다에게 배신당하기 직전이었다. 예수는 가장 가까운 친구 세 명에게 지지를 호소하지만 그들은 곧 잠들어버렸다. 결국, 예수는 홀로 남겨져 임박한 그의 재판과 십자가에 못 박힌 채 당할 죽음을 감당해야 했다. 엄청난 정신적 고통에 시달려 그의 "땀이 핏방울

처럼 되어 땅에 떨어졌다".[22]

달리 기댈 곳도 없었고 아버지에게 심경을 토로하는 것 말고는 할 수 있는 것이 없었다. 우리는 이런 상황에 처하면 현재 당면한 고통에 깊이 빠져 지내기 쉽다. 하지만 그는 미래의 '이익'에 초점을 두었다.

이보다 더 이상한 성경 구절이 있다.

> 아버지, 아버지께서 내게 주신 사람들도, 내가 있는 곳에 나와 함께 있게 하여 주시고, 창세 전부터 아버지께서 나를 사랑하셔서 내게 주신 내 영광을, 그들도 보게 하여 주시기를 빕니다.[23]

예수는 미래의 제자들을 위해 기도했고, 자신이 있는 곳에 그들이 함께 있길 원한다고 했다. 그는 미래를 기억하는 색다른 전략을 택했다(5일, "미래 기억 호출하기"를 되새겨보라).

월트 디즈니가 병원 침대에 누워 매직 킹덤을 본 것과 마찬가지로, 예수는 최후의 만찬에서 천상의 왕국을 보았다. 믿을 수 없는 고통이 닥치기 직전이었지만 그는 고통에 집중하지 않았다. 대신 예수는 미래 공간을 방문했고 미래 추종자들이 자신이 '있는'(현재 시제를 사용했다) 곳에 함께 있기를 바랐다.

이들은 공간의 제약을 뛰어넘었다. 미래의 '이익'을 바라보며 현재의 고통을 초월했다.

## 진실 #3. 비전은 시야를 넓힌다.

지금쯤이면 눈치챘겠지만 해킹 차단력은 이론이 아니다. 전문가나

아웃라이어에게만 해당하는 이야기도 아니다. 당신과 나 같은 보통 사람들의 이야기다.

여기서 내 이야기를 들려주면 많은 사람이 공감할지도 모르겠다. 나는 흙수저 출신이다. 게다가 1학년 때 말을 심하게 더듬어 학습 장애 진단을 받았다. 청소년기를 고통과 상실감에 빠져 지냈지만, 말만 하면 바보 취급을 받았기에 감정을 밖으로 꺼내 보이지 않았다. 의사소통 능력이 없었던 나는 감정과 불안을 자해 행위로 표현했다.

시간이 흐르면서 자해는 칼로 몸을 긋는 행동으로 발전했다. 대학 시절 내내 가면을 쓰고 이 비밀을 혼자 간직했다. 나는 거짓말을 받아들여 혼란을 겪었고, 때때로 자살하면 이 지긋지긋한 고통에서 탈출할 수 있겠다는 생각이 들었다.

이 어두운 길을 따라가다가 아내 켈리를 만나면서 수치심과 가식의 껍데기가 서서히 벗겨지고 나는 자유로워졌다. 힘든 세월 내내 글을 쓰고 싶다는 꿈은 있었다.

네 살 때 할머니는 내 이름이 적힌 책 한 권을 사주셨다. 나도 언젠가는 책을 쓸 수 있다는 생각이 들었다. 다섯 살 때 로봇 마이티와 주인 마이클에 대한 첫 이야기를 썼다. 이후 몇 년 동안 시, 소설 등의 글을 계속 써나갔다. 대학교 3학년 때는 실제로 책을 출간한 작가에게 내가 쓴 글을 여러 편 보냈다. 그에게 전문적인 의견을 구했다. 그의 자비로운 편지는 내게 용기를 주었고 전업작가의 삶을 꿈꾸게 했다.

세월이 흐르면서 여러 차례 거절 편지도 만났다. 가끔은 내 '이익'을 포기하고 싶었다. 어떤 때는 내가 잘못 선택한 건 아닌지 의심했다. 하지만 남들이 뭐라고 하든 나는 내 '이익'을 향해 나아갔다. 몇 년 동안 노력한 끝에 2003년 마침내 첫 책 『의미 있는 삶을 향한 여정』(*The Journey Toward Relevance*)의 출판 계약을 맺었다. 수많은 거절 편지가 나를 작가로 인정하지 않을 때조차 나는 스스로 작가라고 여겼다. 비전을 오래 간직할수록 시야가 넓어졌다. 내 '이익'에 대한 비전이 뚜렷해질수록 점점 더 많은 것이 보이기 시작했다. 해킹 차단력은 바로 이러한 방식으로 작용한다.

### 진실 #4. 뒤를 돌아봐야만 비로소 점들을 연결할 수 있다.

금세기 가장 위대한 혁신가로 꼽히는 스티브 잡스는 동료나 동시대 인물보다 훨씬 앞서 "공간을 보는 기술"을 완벽히 익혔다. 이 과정에서 그는 미래를 내다보며 자기 경험을 연결하는 데 시간을 낭비하지 않았다. 대신 놀라운 사실을 깨달았다.

앞을 내다보며 점을 연결할 수는 없습니다. 뒤를 돌아봐야만 비로소 점들을 연결할 수 있습니다. 그러니 점들이 미래에 어떤 식으로든 연결된다는 사실을 믿어야 합니다. 여러분의 배짱, 운명, 인생, 업보 등 무엇이 되었든 믿어야만 합니다. 점들이 결국 미래로 나아가는 길을 향해 연결된다는 믿음은 여러분의 가슴에 자신감을 심어줄 것입니다. 그것이 여러분을 잘 닦인 길 바깥으로 이끌더라도 말입니다.[24]

# 비전보드 사용하기

화이트보드와 펜만 쥐여주면 나는 갑자기 저돌적으로 변한다. 내가 그림을 잘 그려서가 아니다. 어떤 이유에서인지 펜만 잡으면 내 공간은 훨씬 더 선명하게 달라진다.

공간이 눈앞에 펼쳐지면 책과 사업의 전체 윤곽이 화이트보드 위에 그려진다. 내 휴대폰은 지난 회의 때 찍은 화이트보드 사진으로 가득 차 있다. 나는 보이는 것을 말하고 생각과 아이디어를 화이트보드에 적는다. 팀원들은 내 의견에 반박하거나 질문하거나 귀를 기울인다. 이 개요를 잊지 않도록 항상 사진을 찍어 보관했다.

이제 당신 차례다. 자신만의 공간을 보길 바란다. 다음 쪽의 화이트보드에 당신 생각을 자세히 적어보라. 아니면 종이 한 장을 가져와 아이디어를 그려보라. 진짜 화이트보드를 사용하거나 비전보드(vision board, 원하는 꿈이나 목표를 이미지나 사진으로 시각화해 정리한 게시판―옮긴이)를 만들어도 좋다. 핵심은 타인에게 침범당하지 않는 당신만의 공간을 보라는 것이다. 그렇게 하면 공간의 제약을 극복할 수 있다.

방식은 중요하지 않다. 전략이 무엇이든 쥐고 있는 필기도구를 계속 움직여라. 단어를 써넣거나 사진을 붙여보라. 마치면 휴대폰으로 사진을 찍어 보관하라. 이제 다시는 "내 꿈은 보이지 않아"라고 말할 수 없을 것이다.

# 내가 보는 공간의 모습

**13일**

# 긴급성
## 기한 설정하기

최후에 자극을 주는 것은 기한이다.

**놀런 부시넬**

'멘탈해킹 차단 프로세스'의 두 번째 단계에 온 것을 환영한다. 지난 며칠에 걸쳐 첫 단계인 아이디어(완벽한 아이디어 창출)를 살펴보았다. 이제 두 번째 단계인 집중(초인적인 집중)에 관해 자세히 알아보겠다.

'재미있는' 부분으로 들어가기 전에 '사실' 부분을 먼저 살펴보자.

### 어마어마한 변화의 속도

현실은 얼마나 심각할까? 몇몇 미래학자가 수행한 연구와 버크민스터 풀러Buckminster Fuller 의 '지식 증가 곡선'Knowledge Doubling Curve 에 따르면 인류는 새로운 세계 질서의 벼랑 끝에 서 있다.[25]

인류가 태초부터 서기 1년까지 습득한 지식의 총량을 1단위라고 한다면, 정보량이 1단위에서 2단위로 두 배 늘기까지 1,500년, 즉 16세기가 걸렸다.[26]

이러한 진전은 매우 점진적으로 이루어졌기 때문에 인류가 변화에 적응하는 것은 어렵지 않았다. 역사가 흐르면서 우리는 선대가 밝혀낸 사실과 연구 결과를 토대로 발전했다. 그 결과 250년도 걸리지 않아 지식의 양이 2에서 4단위로 두 배 증가했다. 인간 수명이 그보다 짧았기 때문에 그때까지도 사회는 잘 적응했다. 혁신과 변화가 찾아왔지만 견딜 만한 속도였다.

다음 도약까지는 훨씬 더 짧은 시간이 걸렸다. 기차가 산을 내려가며 가속도를 얻는 모습을 상상해보라. 세 번째 질서에 돌입해 지식의 양이 4에서 8단위로 또다시 두 배 증가하는 데 25년이 채 걸리지 않았다.[27] 인류가 한계에 도달하고 있다는 징후는 가족 체계에서 드러나기 시작했다. 조부모 세대, 부모 세대, 자녀 세대는 각각 자신이 특별한 환경과 규칙으로 둘러싸인 독특한 세계에서 성장했다고 생각했다.

시간이 빠르게 흐르면서 지식의 양은 매년, 나중에는 매달 두 배씩 증가하며 기하급수적으로 늘어났다. 2010년 당시 구글 CEO였던 에릭 슈미트는 인류 역사의 시작부터 2003년까지 생산된 정보를 모두 합한 만큼의 정보가 이제 이틀마다 만들어지고 있다는 엄청난 주장을 했다.[28] 지난 2013년 IBM은 2020년에는 지식의 양이 12시간마다 두 배씩 증가한다고 예측한 바 있다.[29] 오늘날 전문가들은 그 주기를 '매초'라고 고쳤으나 어쩌면 더 짧을 수도 있다.

이 변화 속도는 대부분 사람에게 너무 빨랐다. 어떤 사람은 우리 사회가 갈수록 불안정해지고 있으며 인간은 변화에 빠르게 적응하는 과정에서 오는 육체적, 감정적, 정신적 스트레스를 더는 견딜 수 없다고 생각한다. 다음 두 이미지를 통해 이런 유형의 기하급수적인 변화를 확인할 수 있다.

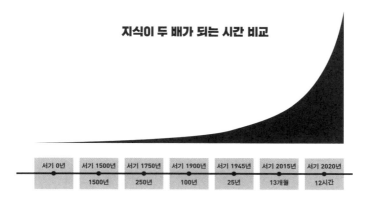

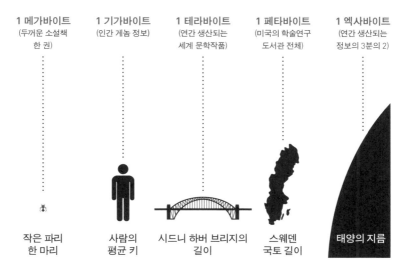

오늘날 문명화된 세계에서 살아가는 모든 이는 지난 1,500년에 걸쳐 서서히 이루어지던 변화를 단 '하루' 만에 경험하는 셈이다. 우리는 현실을 정확히 파악하기 어려워 이렇게 대략적으로만 나타내지만, 이 은유를 이해하는 데 도움이 되는 또 다른 예시를 들어보겠다.

어느 날 아침 9시에 과거의 여행 지식이 모조리 사라진 채로 눈을 떴다고 가정해보라. 먼저 걸어서 여행하는 방법부터 시작할 것이다. 그리고 카누, 그다음엔 말, 마차, 배, 전차, 기차, 자동차, 비행기, 마지막으로 우주선을 타고 여행하는 방법으로 빠르게 넘어갈 것이다. 이러한 변화에 적응하는 데 필요한 정신적 에너지를 생각해보라.

이제 그런 엄청난 변화가 수천 년이 아니라, '두 시간' 만에 일어난다고 상상해보자. 믿을 수 없겠지만, 아직 경험해야 할 22시간 동안의 변화가 남아 있다. 나는 이 은유에서 단 하루를 예로 들었다. 사실을 말하자면, 우리는 매일 이 정도 속도로 변화를 경험하는 중이다.

## '도파민 순환고리'라고 하는 주의산만

이 엄청난 양의 정보는 누구에게나 벅차다. 벅차다는 것은 좋은 게 아니다. 벅찬 감정을 더 많이 느낄수록 도파민을 분비하게 하는 주의산만 상태를 더욱 갈망하기 때문이다. 임시적인 도파민 충전은 높아지는 스트레스 수준을 처리하기 위한 대처 기제로 작용한다. 주의를 기울이지 않으면 도파민에 대한 갈망은 중독에 빠지게 하는 완벽한 조건을 형성한다.

수전 와인셴크Susan Weinschenk 박사는 『사이콜로지 투데이』에 기고한 글에서 스마트폰을 통해 전달되는 도파민이 왜 그렇게 강력한 중독을 유발하는지 설명한다. "도파민이 작용하면 우리는 무언가를 찾기 시작하고 행위에 대한 보상을 받으면 더 많은 것을 찾는다. 그러면 습관적으로 이메일을 열어보거나 문자 메시지를 보내는 행동 또는 새 메시지가 있는지 확인하려고 휴대폰을 들여다보는 행동을 그만두기가 점점 더 힘들어진다."[30]

사람들은 대부분 자신이 중독되었다는 사실을 인식조차 하지 못하다가 나중에 깨닫고는 스마트폰을 멀리하려고 노력하기 시작한다.[31] 이로 인해 우울증, 불면증, 불안과 같은 금단 증상을 경험할 수 있다.

이 사실을 알면 왜 많은 사람이 매일같이 해킹당하는지 이해하기 쉽다. 간단히 말해 정보와 기술의 기하급수적인 성장이 우리의 집중력을 심각하게 위협한다. 수십 년 전만 해도 텔레비전에 나오는 채널이 세 개뿐이었다. 집중하는 일이 그렇게 어렵지 않았다. 하지만 매일 우리를 방해하는 수십만 개의 선택지가 주로 스마트폰을 통해 우리 손끝에 쥐어진 상황에서는 의도적인 집중이 그만큼 어려워졌다.

### 섹스까지도 방해하는 스마트폰?

많은 사람이 불과 몇 초 전에 휴대폰을 확인했는데 또다시 만지작거린다. 의식적으로 생각하지 않고 휴대폰 화면을 켜서 놓친 알람, 전화, 메시지가 있진 않은지 확인한다.

게다가 '유령 진동'을 경험하기도 한다. 실제로 울리지 않는 전화벨이 울린다고 믿거나 알림이 오지 않았는데 왔다고 믿는 증상이다. 이 증상을 가진 사람 중 90퍼센트가 거짓 진동을 느꼈고 약 30퍼센트는 울린 적이 없는 벨 소리를 들었다.[32]

스마트폰 관련 통계를 더 확인해보자.

- 세계적인 정보 분석 기업 〈닐슨〉이 발간한 보고서에 따르면 보통 십 대는 한 달에 3,339통의 문자를 주고받는다.[33]
- 미국인의 46퍼센트는 아침에 일어나기도 전에 스마트폰을 확인한다.[34]
- 75퍼센트는 휴대폰을 밤낮으로 켜두며 잠자리에 들 때도 끄지 않는다.[35]
- 셋 중 한 명은 한밤중에 이메일을 확인한다. 18세에서 24세 사이에서는 50퍼센트가 그렇다.[36]
- 받은 메일함을 확인하지 않고는 잠자리에 들지 못하는 사람이 69퍼센트에 달한다.[37]
- 『사이콜로지 투데이』는 인구의 40퍼센트가 스마트폰에 중독되어 있다고 밝혔다.[38]
- 58퍼센트 남성과 47퍼센트 여성은 노모포비아nomophobia, 즉 스마트폰이 없으면 불안감을 느끼는 증세에 시달린다.[39]
- 84퍼센트는 단 하루도 스마트폰을 포기할 수 없다고 말한다.[40]
- 미국인의 88퍼센트는 화장실에서도 스마트폰을 사용한다(그렇지 않다는 12퍼센트도 거짓일 수 있다).[41]
- 9퍼센트가 성관계 중에 문자 메시지를 확인하거나 전화를 받는 등 휴대기기를 사용한 적이 있다.[42] 18세부터 34세에서 성관계 도중 스마트폰을 확인하는 수는 20퍼센트에 달한다.[43]
- 미국인 3명 중 1명꼴로 일주일 동안 스마트폰을 일반 휴대폰으로 바꾸느니 3개월간 모든 성관계를 포기하겠다고 답했다.[44]
- 『모바일 소비자 습관』(Mobile Consumer Habits) 연구에 따르면 12퍼센트가 샤워

중에 휴대전화를 사용한다.[45]

- 조사에 참여한 미국인 스마트폰 사용자 넷 중 셋은 휴대폰을 1.5미터 이내에 둔다고 답했다.[46]
- 7퍼센트는 과도한 휴대폰 사용으로 인간관계나 직업을 잃었다고 말한다.[47]

## '디지프레니아'라는 새로운 질환

'디지프레니아'digiphrenia라는 단어가 있다. 디지digi와 프레니아phrenia 는 각각 디지털과 정신 활동장애 상태를 뜻한다. 디지프레니아는 끊임 없이 쏟아지는 디지털 정보의 입력으로 발생한 비정상적인 정신 활동 상태를 나타낸다.

이 용어는 미디어 이론가이자 작가인 더글러스 러슈코프Douglas Rush-koff가 『현재의 충격』(Present Shock)에서 대중화했다. 그에 따르면 사람들 은 동시에 둘 이상의 영역에 따로 존재하려 애쓰는 모습을 분석했다. NPR과의 인터뷰에서 그는 디지프레니아를 "자신의 여러 화신 속에 동시에 존재하는 것"으로 정의했다.[48]

우리 초점은 한 가지 일에 온전히 집중하기보다 분열되어 있기에 무 척 산만하다. 온라인과 현실에서 유지해야 할 각각의 인격을 필요로 한다. 다양한 온라인 플랫폼을 고려하면 이 개념은 훨씬 심각해진다. 예를 들어, 트위터에서의 정체성은 인스타그램, 페이스북, 링크트인의 프로필과 조화를 이루어야 한다. 게다가 소셜미디어 계정과 비즈니스 플랫폼 몇 개까지 더하면 우리의 디지털 다중인격에는 한 사람이 도저 히 감당할 수 없는 양의 노력과 에너지가 필요하다.

영미권 사전 사이트 '어번 딕셔너리'Urban Dictionary에서는 디지프레니아를 "휴대폰과 주변 현실 사이에서 혼란을 겪는 사람이 빠져 있는 정신병적 이중인격"으로 정의한다.[49] 의학 박사 로버트 피셔^Robert E. Fisher 는 "디지털 환경이 유발한 이러한 정신 상태에 빠지면, 현재 함께 있는 사람과 그 만남의 목적에 집중하지 못하게 하는 무수한 방해 요소가 사람들을 공격해온다"라고 설명한다.[50]

함께 있지만 진정 함께 있지는 않았던 느낌을 받은 저녁 식사 경험을 해봤을 것이다. 대화에 몰입하지 않고 스마트폰에 빠져 있으면 그렇게 된다. 특별한 게 아니다. 우리도 마찬가지다.

2018년 『타임』에 실린 한 기사는 이런 문구로 시작한다. "퍼빙^Phub-bing. 당신이 일상적으로 쓰는 어휘는 아니겠지만, 상당 부분을 설명하는 단어다. … 휴대폰을 보느라 대화 상대를 무시하는 행동을 뜻한다."[51]

이 단어는 2012년에 등장했다. 휴대폰을 사용하려고 누군가를 무시하는 습관을 묘사하기 위해 매쿼리 사전^Macquarie Dictionary 에서 만든 용어다.[52] "퍼빙은 당하는 이들에게 소외감을 느끼게 하여 인간의 네 가지 근본 욕구인 소속, 자존, 통제, 의미 있는 존재가 되고 싶은 욕구를 위협하는 것으로 밝혀졌다."[53]

예상할 수 있듯 퍼빙과 디지프레니아는 우리의 '이익'뿐만 아니라 건강에도 위협을 가한다. 디지프레니아는 실제로 여러 방식으로 많은 사람을 죽음으로 내몰았다. 사용자들은 화면에 너무 집중하다가 위험을 인지하지 못해 사고를 많이 당했다.[54] 운전자들이 동시에 두 곳에 있어야 한다는 강박적인 욕구를 느껴 운전 중 문자 메시지를 보내는 행동이 부쩍 늘었다. 이 행동은 집중력을 흐트러뜨리고 치명적인 사고

몰입의 완성

를 일으킬 가능성을 높인다. 미국에서는 휴대폰 사용으로 매년 160만 건의 차량 충돌 사고가 일어난다.[55] 미국 도로교통안전국[NHTSA]의 연구에 따르면 운전 중 문자 메시지 보내기가 음주 운전보다 여섯 배 더 위험하다.[56]

대가는 조그마한 보상을 훨씬 능가한다. 디지프레니아는 불안과 수면 부족을 가져온다. 게다가 생산성 저하와 업무 성과 저하로 이어지며 인간관계에도 부정적인 영향을 미친다.

이러한 사실을 알아두는 것만으로도 큰 방향 전환이 가능해진다.

## 집중을 극대화하려면

당신은 깨끗한 해변에 누워 파도가 모래사장에 부딪히며 찰싹이는 소리를 듣고 있다. 시원한 음료를 홀짝이는데 당신의 '이익'에 관한 생각이 의식 속을 슬며시 파고든다.

요즘 당신은 바쁜 일상으로 정신이 없다. 한 가지에 집중할 수만 있다면 꿈을 훨씬 빨리 이룰 수 있을 텐데 아쉬운 마음이다. 지난 몇 주간 수시로 번아웃되었고 수면 시간도 부족해 증상이 쉽게 나아지지 않는다. 바다에서 보내는 이번 휴가는 반가운 휴식이다.

저 멀리 바닷새들이 깍깍대며 날아다닌다. 당신은 따스한 햇볕 아래에서 미소를 짓고 있다. 선들거리는 바람이 짭짤한 바다 내음을 실어오고, 당신은 맑고 푸른 하늘 아래서 잠이 든다. 잠시 후 깨어나자 피부가 따끔거릴 정도다. 햇볕에 장시간 노출한 탓에 화상을 입었지만, 알로에를 바르면 금방 나을 듯싶다. 돋보기로 태양광선을 집중시켰더라면 훨씬 빨리 화상을 입을 수도 있었다. 돋보기를 알맞은 위치로 들고 있으면 세 시간이 아니라 3분 안에 거의 모든 물체에 구멍을 뚫을 수 있다.

돋보기가 만들어낸 차이는 바로 집중이다! 돋보기는 태양 에너지를 여과해 훨씬 빠른 속도로 결과를 극대화한다. 음료 한 모금을 더 마신다. 음료가 따뜻해져 밋밋한 맛을 느끼며 힘겹게 삼킨다.

머릿속에 갑자기 어떤 생각이 떠오른다. 내 '이익'을 위한 돋보기 같은 것이 있다면 어떨까? 인생에서도 레이저처럼 날카로운 집중력을 얻을 수 있다면 어떨까?

## 이익에 더 빨리 도달하기 위해 구멍 뚫기

꿈을 이루는 데 이와 비슷한 효과를 내는 능력이 있다고 상상해보라. 다음과 같은 일을 해낼 수 있다면 어떨까?

- 집중력을 이용해 '이익'으로 가는 길을 가로막는 장애물을 모두 뚫는다.
- 에너지를 증폭해 훨씬 빠른 속도로 원하는 결과를 얻는다.
- 아이디어 발상과 실현 사이의 틈새를 좁힐 수 있다.

'집중력 필터'Focus Filter가 있다면 이 세 가지를 전부 해낼 수 있다. 이 필터를 사용하면 짧은 시간 안에 목표를 달성할 수 있다. 한 가지 필터를 사용하면 아웃라이어가 될 것이고, 세 가지 필터를 모두 사용하면 초인적인 집중력을 발휘할 수 있을 것이다.

오늘은 첫 번째 집중력 필터를 소개하겠다.

## 집중력 필터 #1-긴급성

인류는 매일 수십억 개의 메시지를 주고받는다. 이 메시지 중 상당수는 눈에 띄지 않고 지나간다. 하지만 '긴급'urgent이라는 단어가 붙으면 같은 메시지도 갑자기 특별대우를 받는다. '긴급'은 "즉각적인 조치나 주의를 요함"을 뜻한다. 긴급성은 그 안에 이미 기한을 포함하고 있어 조치를 취해야 한다. 기한을 무시하면 건강, 돈, 품질, 관계 등과 관련해 대가를 치러야 한다.

'기한'이라는 단어는 6일 차에서도 언급했다.

> 기한 없는 욕망은 몽상에 불과하다. 이러한 욕망은 중간에 흐릿해지기 쉽다. 하지만 기한을 적으면 목표가 살아 움직이는 현실이 된다. 책임감이 생긴다. 자신이 목표를 이루었는지 아닌지를 알 수 있다.

기한을 정하는 일은 장거리 여행의 목적지를 정하는 것처럼 중요하다. 목적지가 없으면 그저 같은 곳을 맴돌게 된다.

하지만 기한만으로는 충분하지 않다. 목적지가 있다고 해서 없던 동기가 생기는 것은 아니다. 전력을 다해 움직이게 만드는 것은 '긴급성'이다. 기한을 놓친 데 따르는 대가는 엄청난 동기를 부여한다.

## 비용

미국에는 택스 데이Tax Day라는 날이 있다. 휴일이 겹치지 않는 한 4월 15일은 사람들이 세금을 신고하도록 지정된 악명 높은 날이다. 벌금이 따르지 않는다면 대부분 시민이 행사를 건너뛸 것이다. 실제로 22퍼센트가 세금 신고 기한이 2주 남을 때까지 기다린다.

사실, 대부분은 그날 돈을 더 지불하지 않는다. 오히려 돈을 돌려받는 경우가 더 많다. 실제로 평균 환급액이 2,400달러가 넘는데도 사람들은 여전히 번거롭다는 이유로 세금 신고를 꺼린다.

기한을 넘겨 신고하는 납세자의 12퍼센트는 세금을 적게 낸 경우 처벌받는다. 미국 국세청은 납세자들에게 동기를 부여하는 방법을 알고 있다. 명확한 기한과 벌금액을 제시하는 것이다.

다음은 몇 가지 진실이다.


- 인구의 약 3분의 1이 마지막 순간까지 기다린다.
- 벌금이 따르는 기한은 긴급성을 느끼게 한다.
- 기한이 없으면 끝맺음하는 일이 거의 없을 것이다.


파킨슨 법칙을 들어보았는가? 영국의 유명 역사가이자 저자인 시릴 노스코트 파킨슨 Cyril Northcote Parkinson은 1955년에 "일은 그 일을 완료하는 데 쓸 수 있는 시간을 꽉 채우도록 늘어난다"라고 말했다.[57]

"두 시간 분량의 과제를 끝내는 데 일주일이 주어진다면 (심리학적으로 말해) 그 과제는 더 복잡해지고 어려워져 결국에는 주어진 일주일을 다 채울 것이다. 시간이 늘어났다고 해도 일을 더 많이 하지 않으며, 과제를 끝내야 한다는 스트레스와 긴장만 이어질 뿐이다."[58]

학창시절을 돌아보라. 수업 첫날, 학기 말까지 제출해야 하는 과제가 있었다면 학생 대부분은 학기 마지막 주에 혹은 심지어 전날 밤에 과제를 끝낸다. 그러나 이 과제는 파킨슨 법칙에 따라 주어진 시간 내

내 정신적, 육체적, 감정적 에너지를 무의식중에 요구한다.

학생들은 실제로 학기 내내 과제를 수행하지는 않았지만, 과제를 받은 순간부터 끝내는 순간까지 그 무게를 짊어지고 있었다.

## 당신이 잃게 될 것을 확인하라

『묘약 프로젝트』에 관한 아이디어는 2014년 10월 9일 이른 새벽에 처음 떠올랐다. '묘약 프로젝트'라는 문구와 소설에 대한 생각으로 절로 눈을 떴다.

아이디어가 반짝인 후에 무슨 일이 일어났을까?

아무 일도 일어나지 않았다!

동기 부여가 없으면 아무 일도 일어나지 않는다. 다행히 휴대폰에는 메모를 남겼고, 그 메모를 지우지 않았다. 아이디어로 초점을 돌리자 아이디어의 중요도가 서서히 올라갔다.

몇 달 뒤 나는 그 주제에 관해 더 깊이 생각해보았다. 마침내 원고를 쓰기 시작하기도 했다. 나는 순진하게도 원고 쓰기를 제시간에 마치고 10월에 열리는 콘퍼런스에서 책을 발표할 수 있겠다고 생각했다. 하지만 나는 책을 절반도 끝내지 못했다.

2016년 봄이 다가왔지만, 나는 여전히 고군분투했다. 계획을 계속 미루면서 '자료 조사 기간'이라는 핑계로 이를 정당화했다. 조사를 진행하긴 했지만 끝내야 한다는 긴급성이 없었기 때문에 일을 자꾸만 미루고 있었다. 벌칙도 정해두지 않았다. 게다가 "내 첫 소설을 쓰고 있어"라고 말하기가 약간 부담스러웠다.

그러던 중 2016년 3월 23일, 모든 것이 달라졌다. 내 제안서를 읽고 함께 일하기로 동의한 줄리 스키나라는 훌륭한 편집자를 찾은 것이다. 나는 10월에 열리는 '2016 이그나이팅 솔스 콘퍼런스'에서 『묘약 프로젝트』를 손에 쥐고 싶었다. 그녀는 엄청나게 바빴고, 2016년 6월 22일 이후에야 내 원고 작업을 시작할 수 있었다.

그녀는 약관과 지불 금액이 명시된 계약서를 보내왔다. 그녀가 보낸 계약서를 읽었을 때 내 안의 해킹 가능한 자아는 뒤로 밀려났다.

캐리 작가님께,

작가님께 편집 서비스를 제공할 수 있게 되어 기쁩니다. 이 편지는 저희의 계약서 역할을 할 것입니다.

**편집 서비스:** 저는 귀하의 원고 『묘약 프로젝트』에 원고 형식으로 편집 서비스를 수행합니다. 전자 원고 파일에 편집 의견, 줄 편집을 제공하며, 여기에는 30분의 사후 전화 통화를 포함합니다. 통화는 요청 시 편집 노트 전달 후 3개월 이내에 상호 편리한 시간으로 예약해 이루어집니다.

**전달:** 2016년 6월 22일까지 완성된 원고를 워드 파일로 이메일을 통해 받을 예정이며, 2016년 8월 5일 이전에 편집 노트를 제공하겠습니다. 원고 파일은 이메일로 돌려드리겠습니다. 2016년 6월 22일까지 원고가 도착하지 않으면 프로젝트를 연기하거나 일정을 변경할 수도 있습니다. 이 날짜까지 원고를 보낼 수 없다고 예상되면 가능한 한 빨리 알려주시기 바랍니다.

**서비스 금액:** 프로젝트를 완료하는 데 38~50.5시간이 걸릴 것으로 추정하

며, 시간당 XX달러를 적용해 예상 금액은 XXXX달러입니다. 상호 동의하지 않는 한 예상 금액은 초과되지 않습니다. 제 견적은 명시된 원고 길이인 7만 5천 자를 기준으로 한 것입니다. 검토 후 편집 완료에 더 많은 시간이 필요하다면, 프로젝트 요구사항을 다시 논의하기 위해 즉시 연락드리겠습니다.

**지불:** 비용 지불은 두 차례에 걸쳐 이루어집니다. 서명하신 후 편집비의 절반인 XXXX달러를 첫 번째 페이팔 청구서로 보내드리겠습니다. 2016년 4월 7일까지 지불해주세요. 나머지 금액은 제가 위 서비스를 완료하고 두 번째 페이팔 청구서를 보내드린 이후 15일 이내에 지불하시면 됩니다. 프로젝트 완료 전에 이 계약을 종료하기로 하신다면 첫 번째 지불금을 보유하고 그 시점까지 제가 프로젝트에 쓴 모든 추가 시간에 대한 금액을 지불하셔야 합니다. 모든 자료는 즉시 반환해드리겠습니다.

그런 계약서를 읽은 것은 이때가 처음이었다. 흥미로웠다. 그녀에게 회신하며 내가 2016년 6월 22일까지 완성된 초고를 보내지 못하면 어떻게 되는지 물었다. 무의식적으로 여유를 부릴 틈이 있는지 알고 싶었던 것이다. 그녀는 기한과 위약금을 언급하며 단념시켰다.

보증금은 환불되지 않습니다. 계약서에 서명하고 보증금을 받으면 제 일정에서 시간을 따로 빼두고 그에 맞춰 일정이 겹치는 요청에 대해서는 거절하기 때문입니다. 프로젝트가 취소되면 손실한 시간을 만회할 수 없습니다.

원고를 보내지 않으면 보증금을 잃고, 더 중요하게는 내 차례를 빼앗기게 된다. 콘퍼런스 날짜와 목표 출간일을 놓쳐버릴 것이다. 계약서에 서명하면 내게 필요한 '긴급성'이 발생한다. 계약서는 지금껏 내게 부족했던 집중력 필터를 제공한다.

나는 주어진 시간, 즉 3월 23일부터 6월 22일까지 일분일초를 소중하게 썼다. 계약서에 서명한 그날 요금을 지불하고, 기한과 기한을 놓칠 때 발생하는 위약금에도 동의했다. 내 성격상 원고는 이제 다 마친 것이나 다름없다고 생각했다. 그 돈을 버릴 리 없었기 때문이다. 비용은 즉각적인 전념을 이끌어냈다.

## 이익 사이클 점검하기

『묘약 프로젝트』원고 완성 자체는 내 '이익'이 아니었다. 하지만 궁극적인 '이익'으로 이끌, 작지만 중요한 단계였다. 이 원고 없이는 이 책을 기반으로 한 교육 과정인 '묘약 프로젝트 경험'을 만들지 못한다는 사실을 알았다. 그리고 교육 과정 없이는 영화 제작도 어려우며, 영화 없이는 100만 명의 가슴에 불을 지피지도 못할 것이다. 나는 이러한 일련의 사건을 '이익 사이클'Boon Cycle이라고 부른다.

### 이익 사이클

커다란 '이익'으로 이끄는, 작지만 중요한 단계

### 내 이익 사이클

'묘약 프로젝트' 원고 ➡ '묘약 프로젝트 경험' 교육 과정 ➡ 영화

➡ 100만 명의 영혼 깨어나게 하기

이 과정 안에 다른 세세한 단계가 숨어 있었지만, 첫 단계인 계약서 서명에만 일단 집중했다. 그다음 밟아야 할 최선의 단계, 즉 2016년 6월 22일까지 편집자에게 『묘약 프로젝트』 원고를 넘기는 일에 집중했다. 그러면 긴급성이 발생하고 연쇄 반응이 일어난다고 생각했다. 이 모든 일은 기한을 놓친다면 내야 하는 위약금 정하는 것에서 시작되었다. 당신의 '이익'을 생각해보라.

1. 다음에 밟아야 할 최선의 단계는 무엇인가? (작은 단계를 간과하지 마라. 작은 단계는 중요한 의미가 있다.)
2. 이 단계를 밟으면 어떤 연쇄 반응이 일어나는가? (이 행동의 결과로 일어날 수 있는 3~5가지 각기 다른 결과를 생각해보라.)

아래에 당신의 '이익 사이클'을 적어보라. 몇 단계인지에 초점을 두지 말고, 완벽하지 않아도 좋다. 불완전하더라도 행동을 취하라. 행동을 취한 후에 명확성도 따라온다는 사실을 기억하라.

### 내 이익 사이클

(작은 단계)                    (작은 단계)

_____ ➡ _____ ➡

(작은 단계)                    (이익)

_____ ➡ _____

# 기한 설정하기

첫 번째 집중력 필터인 '긴급성'을 당신의 '이익'에 적용할 준비가 되었는가? 기한을 놓칠 때 따르는 벌칙을 정해두면 긴급성을 이용하게 된다. 내가 편집자와 계약을 맺었듯이 자기 자신과 '이익 계약'을 맺어보라.

계약을 맺고 나면 '이익'을 더 진지하게 받아들일 것이다. 당신에게 책임감을 불어넣을 신뢰할 만한 친구와 계약서를 공유하면 해킹 차단 확률을 높일 수 있다. '이익 계약서'에는 다음 세 요소를 꼭 포함하라.

1. **행동**. 구체적이며 측정할 수 있어야 한다. 나에겐 '묘약 프로젝트' 원고 완성이었다.
2. **전달**. 날짜를 명시해야 한다. 빠듯한 기한은 긴급성을 부여하고 집중력을 불러온다. 현실적이지만 과감하게 생각하라. 자신에게 너무 많은 시간을 주면 일이 복잡해진다는 파킨슨 법칙을 기억하라. '부담'이 아니라 '긴장'이 필요하다(다음 요소인 '몰입'에서 더 자세히 설명한다). 나는 소설의 절반 이상을 끝내는 데 3개월을 설정했다.
3. **벌칙**. 당신이 잃게 될 것을 나타낸다. 시간? 돈? 자존심? 당신이 '이익'을 골랐으니 벌칙도 직접 골라야 한다. 구체적으로 적어라. 나에게는 계약금을 잃는 것과 더 크게는 편집자와 일할 차례를 빼앗기는 일이었다. 이 벌칙은 내 꿈과 출간일이 지연되는 결과를 불러온다. 이것은 치르고 싶지 않은 대가였다.

## 이익계약서

**행동:**

**전달:**

**벌칙:**



위 내용을 이해했으며 이에 동의함

이름:

날짜:


## 집중력 필터 #1 = 긴급성


기한 없는 희망은 몽상에 불과하다.

내 시간이 의미 있으려면 일분일초를 의미 있게 써야 한다.

**14일**

# 주체 의식

입력 정보 선택하기

머릿속에 입력된 정보에 따라 관점이 결정된다.
관점에 따라 출력 결과가 결정되며, 결과에 따라 미래가 결정된다.
**지그 지글러**

가장 힘든 13일 차를 무사히 통과한 것을 축하한다. 여기까지 왔다는 것만으로도 당신의 정신력이 상당함을 알 수 있다.

이제 두 번째 집중력 필터인 주체 의식Agency을 살펴볼 준비가 되었다. 주체 의식은 당신이 특정 공간의 주인임을 일깨운다. 자신의 공간에 대한 책임이 있다는 사실을 깨닫는 게 중요하다.

3일 차에 다룬 피해자와 승리자의 차이를 기억하는가? 피해자는 침대BED (탓Blame, 핑계Excuses, 부정Denial)에 누워 있지만, 승리자는 노OAR (주인의식ownership, 책임의식accountability, 책임responsibility)를 저으며 앞으로 나아간다.

사실 우리는 해킹이 일어나는 줄도 인식하지 못하므로 아주 사소한 방식으로도 해킹을 당한다.

## 나만의 공간을 만들어라

나는 엔진오일을 교체하러 정기적으로 카센터에 간다(카센터를 병원, 우체국, 치과, 공항 등으로 바꾸어도 마찬가지다. 기다려야 하는 시간이나 장소가 있다면 여기 해당한다).

교체 작업에는 보통 60분 정도 걸린다. 대부분은 대기실로 들어가 잡지를 만지작거리거나 의미 없는 시간을 보낸다. 자리에 앉아 대기실 반대편에서 번쩍거리는 텔레비전 화면을 빤히 쳐다본다.

아무도 채널을 돌리지 않고 그저 나그네쥐(쥣과에 속한 포유류로 무리 지어 이동할 때 앞장서는 한 마리를 막연히 뒤따르다가 집단 자살을 하는 것으로 유명한데, 맹목적으로 남을 따라 행동하는 현상을 레밍 현상이라고 한다―옮긴이) 무리처럼 대리점이 손님을 위해 조성한 '공간'을 그대로 받아들인다. 대부분의 대기실에서 일반적인 모습이다.

나는 그 방 안에 있는 사람들과 전혀 다르게 행동했다. 내 '이익'에는 벌칙이 따르는 기한이 있었으므로 다른 콘텐츠를 소비하거나 타인의 설계에 따르며 시간을 낭비할 수 없었다. 나는 대기실로 들어가 자리에 앉은 다음 노트북을 열었다. 이어폰을 귀에 꽂고 집중력을 높이는 음악을 추천해주는 앱 포커스앳윌Focus@Will이나 브레인에프엠Brain.fm에서 찾은 음악 재생 목록을 켠다. 이렇게 하면 생산성을 높이는 데 적합한 나만의 '공간'을 만들 수 있어 내 '이익'을 위해 몰두할 수 있다.

공항, 진료소, 아이들 체육관에서 대기할 때도 똑같이 행동한다. 사람들이 여기저기서 남이 설계한 공간을 받아들이며 20분을 별생각 없이 보내는 동안, 나는 나만의 공간을 만든다.

## 차 안에서 따는 박사 학위

많은 사람이 출퇴근하거나 볼일을 보러 차를 몰고 시내를 돌아다니는 동안 해킹을 당한다. 그들은 고작 30분밖에 안 된다고 생각하며 라디오 토크쇼를 틀거나 음악만 나오는 방송으로 무심결에 주파수를 돌린다. 그들은 이렇게 라디오 방송국이 만든 공간을 받아들인다. 그리고 이 공간은 이제 그들의 생각을 지휘한다.

무엇이 문제일까? 그저 짜투리 시간일 뿐인데? 하지만 짧은 시간 안에 가진 생각은 운명이 된다. 그 진행 과정에 주목하라.

> '생각'을 심으면 '행동'을 낳고, '행동'을 심으면 '습관'을 낳고,
>
> '습관'을 심으면 '성품'을 낳고, '성품'을 심으면 '운명'을 낳는다.[59]

우리는 생각과 시간을 과소평가하는 경향이 있다. 30분이 모여 이룬 일주일, 한 달, 일 년은 상당히 중요한 영향을 미친다.

브라이언 트레이시는 우리가 매일 운전하는 시간에 어떤 것을 할 수 있는지 보여준다.[60] 1년에 2만 킬로미터를 운전한다면 모두 합해 500시간이 된다. 이곳저곳 이동하면서 오디오북이나 전문 프로그램을 다운받아 듣는 것만으로도 실력을 업그레이드하기에 부족함이 없다. 심지어 출퇴근길에 이런 습관을 유지하다 보면 3년 정도 후에 자기 관심 분야에서 박사 학위 수준에 버금가는 지식을 얻을 수 있다고 밝힌 연구 결과도 있다. 대중교통을 이용하더라도 비슷한 원리가 적용된다. 두 번째 집중력 필터인 주체 의식은 이 정도로 강력하다.

나는 10년 전쯤 오디오북 구독 서비스인 오디블Audible을 처음 이용하

기 시작했다. 세 아이의 아버지인 나는 앉아서 책을 읽을 여유가 별로 없었다. 뛰고 운전하고 잔디를 깎으면서 들어보니 60일 동안 오디오북 몇 권을 끝낼 수 있었다. 이 서비스가 너무 마음에 들어 구독을 유지했다. 지금까지도 낮은 월 사용료로 매달 새 오디오북을 하나씩 골라 듣는다.

최근에는 '이익'과 관련된 주제를 연구하는 데 도움이 되는 책을 주로 골랐다. 오디오북을 들으면서 비인지적 작업을 수행하는 일은 다행히 멀티태스킹 작업은 아니다. 생산성을 해킹당하지 않으면서 내게 입력할 정보를 선택하고 나만의 공간을 만들 수 있다.

## 광고 건너뛰고 돈 벌기

통계적으로 사람들은 매일 평균 한 시간 정도 광고를 본다고 한다. 1년이면 365시간이다. 365시간이 지닌 가치는, 깨닫기 전에는 그다지 다가오지 않을 것이다.

우선 경제적 비용을 따져보자. 누군가가 한 시간 컨설팅 제공을 위해 당신을 고용한다면 얼마를 청구할 것인지 생각해보라.

어떤 독자들은 곧바로 답을 생각해내기 힘들어한다. 그들은 자기 능력에 한계를 설정하고, 자기 시간에 큰 가치를 두지 않는다. 당신도 그렇다면 내가 좋아하는 다음 명언을 한번 음미해보라.

자신을 소중히 여기기 전에는 자기 시간을 소중히 여기지 않는다.
자기 시간을 소중히 여기기 전에는 그 시간에 아무 일도 하지 않는다.

_스캇 펙

당신의 시간당 급료는 얼마인가? 10달러인가? 100달러인가? 1,000달러인가? 아니면 1만 달러인가? 이제 그 숫자에 365를 곱하라. 시간당 평균 100달러의 컨설팅 요금을 골랐다면 매년 3만 6,500달러 만큼의 시간을 광고 보는 데 써버린 셈이다. 그 액수에 70년을 곱하면 250만 달러가 넘는 돈을 낭비하게 된다. 그보다 더 심각한 것은 '남의 공간'에서 그 시간을 소비하기로 선택한다는 사실이다. 광고는 대부분 우리에게 무엇이 부족한지와 완벽해지려면 왜 다른 물건을 구매해야 하는지를 말한다. 자신이 불완전하고 부족하다는 말을 수천 번 듣다 보면 올바른 판단을 내리기 힘들어진다.

우리 집은 광고를 건너뛴다. 예를 들면, 스포츠 경기는 대략 30분 늦게 본다(광고가 나올 때 음 소거를 하기도 한다). 경기 시간 중 적어도 25퍼센트는 광고와 경기 외 활동으로 채워지기 때문이다.

원하는 일을 하라. 자기 공간은 다른 누구의 것도 되어선 안 된다. 광고주가 마케팅 회의에서 결정한 내용이 아니라 자신의 '이익'에 근거해 머릿속에 입력될 정보를 선택해야 한다. 인생은 낭비하기엔 너무 짧다.

# 입력 정보 선택하기

오늘 과제는 매우 간단하다. 사소해 보이겠지만 당신의 행동은 큰 보상을 가져다준다. 일정표를 꺼내라. 대기실에 있거나 시내를 가로질러 출퇴근하거나 TV나 유튜브 보는 시간을 표시하라. 타인이 당신을 위해 공간을 선택해주도록 두지 말고 당신만의 공간을 만들어라.

　아래 빈자리에는 자신에게 입력되는 정보를 어떤 방법으로 선택할 것인지 자세히 써라. 오디오북을 다운로드하거나 노트북이나 태블릿 또는 책을 챙기는 방법도 있다. 혹은 스마트폰에 다음 출퇴근길에 들을 팟캐스트를 다운로드해놓을 수도 있다.

　요컨대 주체 의식을 가지고 행동하라. 당신에게 필요한 정보를 남이 선택하도록 두지 말고 스스로 택하라.


　　오늘의 요점:

　　1. 적극적인 역할을 맡아라.

　　2. 자신에게 입력되는 정보를 선택하라.

　　3. 자신만의 공간을 만들어라.


### 집중력 필터 #2 = 주체 의식


내가 만드는 공간이 나를 만든다.

내가 받아들이는 정보가 나의 결과물을 형성한다.

**15일**

# 에너지

## 관심 자원 할당하기

성공한 사람과 정말 성공한 사람의 차이는 정말 성공한 사람은 거의
모든 것에 '아니요'라고 말한다는 것이다.

**워런 버핏**

지난 이틀 동안 긴급성과 주체 의식 적용 방법을 익혔다.
이제 세 번째 집중력 필터인 에너지를 알아보자.

집중력 필터 #1 = 긴급성. 기한을 설정하라.

집중력 필터 #2 = 주체 의식. 입력되는 정보를 선택하라.

집중력 필터 #3 = 에너지. 주의를 할당하라.

집중력 필터를 사용하면 짧은 시간 안에 더 나은 결과를 얻을 수 있
다. 한 가지 필터만 제대로 사용하더라도 아웃라이어가 되고, 세 가지
필터를 모두 활용하면 초인적인 집중력을 발휘할 수 있다.

- 집중력을 이용해 '이익'으로 가는 길을 가로막는 장애물을 뚫을 수 있다.
- 에너지를 증폭해 훨씬 빠른 속도로 원하는 결과를 극대화한다.
- 아이디어 발상과 실현 사이의 간격을 좁힐 수 있다.

## 멀티 태스킹의 치명적 단점

한 지혜로운 노인이 언젠가 이렇게 말했다. "내 나이가 되면 성공이란 결국 에너지 관리에 달려 있음을 알게 된다네." 나보다 수십 년이나 더 살았으니 잠자코 들을 수밖에 없었다. 그때는 그의 말을 이해하지 못했지만, 나이가 들수록 그 말의 의미를 조금씩 알아가는 중이다. 우리는 에너지가 없으면 아무것도 하지 못한다. 우리 '이익'도 마찬가지다. 사는 내내 벤치에 앉아 게임 구경만 할 것이다. 행동할 '에너지'가 부족하면 '긴급성'과 '주체 의식'은 별 의미가 없다. 우리는 하루가 끝날 무렵 자신이 느끼는 감정을 대부분 이렇게 표현한다.

- 지쳤다
- 죽겠다
- 녹초가 되었다
- 한계에 달했다
- 진저리가 난다
- 모두 불태웠다
- 피곤하다
- 기력이 떨어졌다
- 스트레스가 쌓였다

- 늘어진다

- 뼈 빠지게 일했다

- 진이 다 빠졌다

- 힘이 바닥났다

항상 집중력을 유지할 수는 없다. 우리 주의는 결국 과다한 사용으로 사그라지거나 멀티태스킹 작업으로 곳곳에 흩어진다.

미네소타 주립대학교 경영대학원 소피 리로이 교수는 「내 일을 하기가 왜 그리 어려울까? 업무 전환 시 주의 잔류의 문제」라는 논문에서 그 이유를 설명한다. 리로이는 우리 대부분이 매일 하는 스위치태스킹 활동을 연구했다. 두 가지 실험을 통해 사람들이 한 번에 한 가지 업무에 집중하는 대신 한 업무에서 다른 업무로 끊임없이 옮겨갈 때 생산성이 떨어진다는 사실을 발견했다.

> 주의를 완전히 전환하고 다른 업무를 잘 수행하려면 원래 업무에 관한 생각을 멈춰야 한다. 연구 결과에 따르면 사람들은 아직 완료되지 않은 업무에서 다른 업무로 주의를 전환하기 어렵고 뒤이은 업무의 수행도가 저하된다.[61]

업무를 전환할 때 '주의 잔류' 문제로 깔끔하게 중단하기 어렵다. 원래 업무에 쏟던 생각과 감정이 여전히 남아 있다는 의미다. 이러한 습관은 훨씬 빠른 속도로 에너지를 누출하고 주의력을 고갈시킨다. 게다가 자신에게 부과하는 '인지 부하'cognitive load(과제 해결 과정에서의 인지적 요구량―옮긴이) 때문에 생산성이 곤두박질쳐 문제는 더 심각해진다.[62]

## 결정 피로

지식과 정보가 늘어나면서 매일 우리에게 주어지는 선택의 수도 늘어난다. 『사이콜로지 투데이』에 따르면 성인은 하루 평균 3만 5천 건의 결정을 내린다.[63] 앞서 공유했듯 코넬 대학교에서 실시한 연구에 따르면 음식 고르는 데만 매일 평균 226.7번의 결정을 내린다.[64]

이 모든 결정을 내리다 보면 결정 피로decision fatigue 상태가 된다. 결정의 질은 시간이 지나면서 점점 나빠진다. 과도한 운동으로 근육에 피로가 쌓이듯 과도한 의사결정 후에는 우리 마음도 피로를 겪는다.

큰 성공을 거둔 사람 중 일부는 이런 결정 피로에 맞서기 위해 중요하지 않다고 여기는 결정을 자동화해 한정된 양의 주의를 모아 더 큰 결정에 투자한다. 매일 내리는 결정의 수를 줄여 자신이 가장 중요하게 여기는 일에 더 높은 집중력과 에너지를 발휘하도록 하는 것이다. 플로우 리서치 컬렉티브Flow Research Collective 공동 설립자 리언 도리스Rian Doris는 이러한 이유로 1년 동안 상점에서 쇼핑을 하지 않기로 했다. 상점 통로를 걸을 때마다 잠재의식은 수천 개의 자잘한 결정을 처리해야 하기 때문이다.

마크 저커버그, 버락 오바마 전 대통령, 스티브 잡스는 옷을 미리 결정하는 방법을 사용했다. 2015년 『비즈니스 인사이더』에 실린 기사에 따르면 "그들은 매 순간 수많은 결정을 내려야 한다. 하루에 쓸 수 있는 정신 에너지는 한정되어 있다". 오바마 대통령은 이렇게 설명했다. "대통령으로서 삶을 관리하려면 전 세계 모든 사람이 고민하는 옷 입기 같은 일상적이고 신경 쓰이는 결정을 잘라내야 한다. 나는 음식과 옷을 일일이 결정하고 싶지 않다. 내게는 결정을 내려야 할 일이 너무 많기 때문이다."[65]

나 역시 인생에서 가능한 한 많은 결정을 자동화하기로 마음먹었다. 내 창조적 에너지를 더 중요한 결정을 내리는 데 쓰기 위해 아껴두고 싶었다. 가끔 이렇게 하면 자유가 제한되는 게 아닌지 궁금해한다. 하지만 정반대다. 결정 자동화는 꽤 많은 자유를 가져다준다.

예를 들자면 이렇다. 내가 대학생일 때 결정 내려야 할 중요한 문제 하나가 종종 내 뇌를 해킹했다. 나중에 누구와 결혼할 것인가 하는 문제였다. 이 문제는 말 그대로 어디를 가고 누구와 대화하며 무엇을 할지를 좌우했다. 마음 한구석에서 '결혼 상대가 바로 그 사람일까?'라는 질문이 끊임없이 맴돌았다. 답을 몰랐으므로 내가 만난 또래 여성이 모두 대상이 되었다. 그러다가 대학원에서 켈리를 만나 결혼함으로써 그 결정은 끝났다. 나는 20여 년 전에 중요한 결정을 내렸으므로, 앞으로 자유롭게 나아가면서 관계를 발전시키는 데 집중할 수 있었다. 그리고 인생과 사업에 관련한 다른 영역에 집중하기 위한 더 많은 에너지를 쏟을 수 있었다.

몇 년 후 내 오푸스OPUS(챗 스콧Chet Scott이 처음 쓴 말로, 중요한 비전Overarching Vision, 목적Purpose, 통합 전략Unifying strategies, 중요도 점수표Scorecard for significance의 약어다―옮긴이)를 쓰면서 훨씬 더 많은 도움이 되었다(KaryOberbrunner.com/OPUS).[66] 이와 같은 '깊은 길 과정'Deeper Path Process을 통해 더 많은 결정을 자동화했고 중요한 일에 주의를 할당했다. 또한, 내 에너지 수준을 보호하면서 내게 가장 중요한 영역에 더욱 집중했다.

인생은 우리를 해킹하려 들 것이다. 내가 '이익'을 명확히 파악하고 기한을 설정하는 순간 사방팔방에서 해킹 공격이 들어온다. 이메일의

받은 편지함만 열어봐도 증거를 찾을 수 있다. 인생은 재미있는 방식으로 우리 몰입도를 시험한다. 예를 들어, 이런 메일이다.

제 컨설팅 회사가 2016년 10월 창립 10주년을 기념할 예정입니다! 이 기념 행사를 위해 7일간의 원격 세미나를 계획 중입니다. 작가님께서 축하 행사에 초청 연사로 참여해주시면 좋겠습니다.

이러한 초대는 나를 해킹할 의도가 없어 보였으나 내 대답은 이미 정해져 있었다. 이 문제를 논의하는 데 단 1초도 낭비할 필요가 없었다. 시간은 한정된 자원이므로 이런 초대에 "예"라고 답하는 것은 내 '이익'에 "아니요"라고 답하는 것과 같다. 나는 이렇게 답장했다.

초대해주셔서 감사합니다.
안타깝지만 이 멋진 기회를 거절해야 할 것 같습니다.
곧 출간될 책과 관련해서 해야 할 일이 너무 많아 일정이 빠듯합니다.
아무쪼록 행사가 성공적으로 진행되기를 바랍니다.

'아니요'는 강력한 단어다. 미국의 모델 겸 배우이자 사업가인 캐시 아일랜드에 따르면 "아니요는 완전한 문장이다".[67] 아일랜드는 커리어를 쌓는 동안 자신의 '이익'과 같은 선상에 있지 않은 많은 일을 하도록 요구받았다. 그녀는 주의를 확보하고 에너지를 집중했다.

억만장자이자 버크셔해서웨이 CEO 워런 버핏은 이렇게 말했다. "성공한 사람과 정말 성공한 사람의 차이는 정말 성공한 사람은 거의

모든 것에 '아니요'라고 말한다는 것이다."[68] 세 번째 집중력 필터는 슈
퍼모델과 슈퍼 투자자 모두에게 똑같이 작용한다.

# 관심 자원 할당하기

오늘 과제는 작은 것부터 시작했으면 한다. 모든 결정을 자동화하기보다는 한 가지 결정부터 시작하라. 나는 자동화가 좋은 뜻으로 중독적이라는 사실을 발견했다. 그 강력한 힘을 알게 되면 왜 진작 실천하지 않았는지도 아쉬워진다.

아래에 당신 삶에서 지금 당장 미리 결정할 수 있는 것 하나를 적어보라. 그렇게 하면 지금부터 이 결정에 한정된 에너지를 쏟지 않아도 된다. 이런 식이다. 한 친구는 무슨 일이 있어도 매일 운동하기로 했다. 또 다른 친구는 이번 주 내내 기상 시간을 6시로 정했다. 두 친구는 두 가지를 미리 결정했기에 결정 내려야 할 다른 수십 가지를 줄일 수 있었다.

나는 '묘약 프로젝트' 창작 집필에 몰두하면서 인터뷰를 하지 않으려고 했다. 팟캐스트, 라디오, TV에 출연하지 않기로 미리 결정했다. 어려운 결정이었다. 하지만 사소한 "예"들이 내 에너지를 조금씩 고갈시킨다는 사실을 알았다. 내 한계를 인정하고 내 모든 주의와 에너지를 『묘약 프로젝트』와 내 '이익'을 이루는 일에 할당하기로 했다.

책을 완성해야만 인터뷰를 생각하기로 했다. 그때까지는 이 좋은 일(인터뷰하는 일)이 나쁜 일(주의를 빼앗기는 일)이 되었고 내 꿈을 이루는 데 주요 방해 요소로 작용했다. 이와 관련하여 다음 페이지에 결정 자동화 프로세스를 연습해보자.

### 결정 자동화

(무엇을 미리 결정할 것인가?)

_____

_____

_____

_____

_____

### 관심 자원 할당

(남는 에너지와 관심을 '이익' 달성에 기여하도록 어떻게 재할당할 것인가?)

_____

_____

_____

_____

_____

## 집중력 필터#3 = 에너지

내 관심이 향하는 곳으로 에너지가 흐른다.

내가 쓸 에너지는 한정되어 있으며 이 사실은 나를 제한한다.

# 정렬

## 자산과 역량 정렬하기

내가 약한 그때가 바로 내가 강한 때다.

**사도 바울**

이 책의 후반부가 시작되었다. 지금쯤 '해킹 불가한 존재'가 되려면 일정한 고통을 감수해야 한다는 사실을 알았을 것이다. 정말 놀랍게도 어떤 사람들은 고통 없이도 살 수 있다고 생각한다. 이런 생각은 무지에서 비롯한 믿음이다.

통찰력 있는 사람들은 "고통은 피할 수 없지만 괴로움은 선택이다"라는 옛말의 의미를 이해한다. 작가이자 연설가인 짐 론<sup>Jim Rohn</sup>은 보편적인 고통의 개념을 더욱 발전시켜 고통의 유형을 구분했다.

우리는 모두 절제와 후회라는 고통 중 하나를 반드시 겪는다. 둘의 차이는 절제가 그램 단위라면, 후회는 톤 단위라는 것이다.

빌트 투 리드<sup>Built to Lead</sup> 설립자 쳇 스콧이 고안한 구분 방식을 들어보라. 그는 이 두 고통을 만성적 고통과 급성적 고통이라고 부른다.[69]

> **만성적 고통.** 대부분 사람을 괴롭히기만 하고, 해결 방법이 없다.
> **급성적 고통.** 의도적이고 구체적이다. 의미 있는 발전으로 이어진다.

우리는 모든 고통을 나쁜 것으로 생각하도록 길들어져 왔다. 하지만 고통은 좋은 것도 나쁜 것도 아니며, 그저 고통일 뿐이다. 우리가 어떻게 받아들이느냐에 따라 고통은 좋기도 하고 나쁜 게 되기도 한다. 좋은 고통은 필수적이며, 고통을 허용하지 않으면 나쁜 고통이 상황을 통제할지도 모른다.

육체적 고통에도 같은 진실이 적용된다. 예를 들어, 어깨 힘줄이 파열되어 만성 통증에 시달리는 사람을 생각해보라. 파열 부위를 치료하려면 우선 수술로 인한 '급성 통증'을 받아들인 다음 물리치료 과정에서 오는 더 심한 통증까지도 감내해야 한다. 누구도 이 두 가지 통증을 원하지 않는다. 하지만 여생을 어깨 힘줄이 파열된 채로 사는 일은 훨씬 더 고통스럽다.

감정적 고통에 관한 예도 마찬가지다. 해킹당하는 사람들은 만성 통증이 따르는 삶을 곧잘 택한다. 급성 통증이 따르는 삶을 선택하는 사람들과 비교해보면 차이는 뚜렷하다.

> **해킹 가능한 사람 | 나쁜 고통.** 이들은 아무런 목적 없이 늘 존재하는 장기적 괴로움의 형태인 만성적 고통을 택한다. 이 나쁜 고통은 비생산적인 활동 부

족 상태로 이어지며 궁극적으로 심각한 부상이나 죽음(정서적, 재정적, 관계적)을 가져온다.

**해킹 불가한 사람 | 좋은 고통.** 이들은 의도적이고 목적성을 띤 단기적 괴로움의 형태인 급성적 고통을 택한다. 이 좋은 고통은 생산적인 활동으로 이어지며 궁극적으로 치유나 부활(정서적, 재정적, 관계적)을 낳는다.

오하이오주 내셔널 챔피언십 레슬링 대표팀 수석 코치 톰 라이언Tom Ryan은 급성적 고통을 흥미로운 관점으로 바라본다. 그는 급성적 고통에 대해 '선택한 괴로움'chosen suffering이라 불렀다. 이 개념을 이렇게 설명한다.

> 선택한 괴로움은 성장의 토대가 되며 진전을 위해 타협할 수 없는 것이다. 우리를 불편하게 하지만 이로운 곳으로 움직이게 한다. 피로를 느끼는 지점을 지나 원하지 않은 곳으로 자신을 밀어붙이는 선택이다. 이 교차점에서 바로 성장이 일어난다.[70]

당신의 '이익'을 되새겨보라. '이익'을 이루기 위해 괴로움을 기꺼이 감수할 만큼 열정적으로 당신의 '이익'을 사랑하는가?

고대인들은 그것을 위해 어느 정도 괴로움을 감수할 수 있느냐로 열정을 평가했다. 이 때문에 십자가에 못 박힌 예수의 수난을 '열정'이라고 부르기로 했다. 그가 이 고통을 사랑한 것은 아니었다. 대신 고통이 궁극적으로 가져다줄 성취를 사랑했다. 십자가는 그가 왕위를 차지하는 과정에서 결정적 단계가 되었다.

이처럼 자신의 관심을 집중해 쏟아붓는 삶을 선택한다는 것은 오히려 고통으로 들어간다는 의미다. 이는 남이 설계한 인생이 아니라 자기 인생을 살겠다는 뜻이다. 이러한 관점을 가진 사람은 믿기 힘들 정도로 찾기가 어렵다.

## 그저 '현실'을 탈출하고만 싶다면

인터넷을 뒤적거리다 다른 사람이 부럽다는 생각이 들었는가? 오랜만에 친구가 어떻게 사는지 SNS에서 본 후에 질투심이 솟았을 수도 있다.

- 다정한 배우자
- 많은 친구, 팬, 팔로워
- 넓은 집
- 좋은 유전자
- 영향력 있는 인맥
- 화목한 가족
- 완벽한 삶

  ⋯ 그리고 자기에게 무엇이 있는지는 잊어버린다.


공감하는가? 우리는 과거에도 남의 떡이 더 커 보인다며 괴로워했다. 각 나라에는 이런 의미의 속담이 다 있다. 이제는 인터넷과 소셜미디어 덕분에 남이 사는 모습을 실시간으로 들여다보게 되었다.

대학원에서 배운 '해리'$^{dissociation}$라는 용어가 떠오른다. 해리의 유형은 다양하지만, 모든 해리 현상은 '현실과의 괴리'를 그 특징으로 한다. 신체적으로는 그곳에 있지만 정신적으로는 없는 경우를 말한다.

자기 삶이 만성적 고통으로 가득한 사람들은 고통에 대한 방어 기제를 사용해 '현실'에서 빠져나오려고 한다. 그래서 자신을 현재 상황과 분리해 남이나 다른 무언가에 초점을 맞춘다. 이러한 방어 기제 때문에 잠깐일지라도 주의를 빼앗긴다.

자기 힘을 포기하고 그저 삶이 일어나는 세상을 수동적으로 받아들인다. 이런 마음을 가진 사람은 자기 자산이 아닌 남의 자산에 초점이 맞춰져 있으므로 자신의 '이익'에 가까이 다가설 수 없다.

## 누군가는 당신이 되고 싶어 한다

믿기 어렵겠지만, 지금 어떤 이들은 당신을 떠올린다. 어쩌면 그들은 당신과 같은 사람이 되길 바랄지도 모른다.

몇 년 전 이 사실을 깨닫고 더는 남에게 집중하지 않을 수 있었다. 이 사실은 해킹을 방어하는 데도 도움이 되었다. 남이 되기를 바라는 마음은 내 '이익'에 가까이 데려다주지 못했다. 오히려 내가 현재 있는 곳과 있길 바라는 곳의 틈새를 벌릴 뿐이었다. 초점을 다시 내게 돌려 그 틈새를 좁히자 나만의 자산이 더 정확하게 눈에 들어왔다. 새롭게 얻은 명확성 덕분에 해킹 차단력에 한 걸음 더 다가갈 수 있었다.

# 자산과 역량 정렬하기

다음 질문에 답하라.

1. 타인이 되고 싶었던 적이 있는가?
2. 이러한 행동이 당신을 해킹해왔다는 사실을 알고 있는가?
3. 누군가는 당신의 삶을 보며, 동경한다는 사실을 아는가?
4. 내 '이익'을 실현하는 데 필요한 자질과 역량을 모두 적어보라.
5. 그것을 정렬해보라. 각각의 자산이 당신의 '이익'에 어떻게 기여할 수 있는지 설명하는 문장을 써보라.

**17일**

# 끌림

## 자기 자원에 눈 뜨기

우리의 눈과 귀는 뇌가 원하는 것만 보고 듣는다.
**댄 설리번**

'감각 과부하'라는 말을 들어본 적 있는가? 용어는 생소해도 이것을 경험한 적은 분명히 있을 것이다. 위키백과는 감각 과부하를 이렇게 정의한다.

하나 이상의 신체 감각이 환경에서 과도한 자극을 경험하는 것을 말한다.[7] 개인에게 영향을 미치는 많은 환경 요소가 있다. 도시화, 혼잡, 소음, 대중매체, 기술, 정보의 폭발적인 성장 등이다.

최근에 레이저태그, 비디오 게임, 롤러스케이트 시설이 완비된 실내 놀이시설에서 열리는 생일 파티에 아이를 데려다주면서 감각 과부하를 경험했다. 시끄러운 음악, 번쩍이는 조명, 매점에서 풍기는 자극적인 냄새가 모여 강렬한 경험을 형성했다.

큰 경기에서, 혼잡한 콘서트에서 또는 스포츠 방송이 나오는 십여 대의 평면 TV로 둘러싸인 술집에서 친구와 대화를 나누려고 할 때 그런 적이 있을 것이다.

이런 경험을 한 사람들은 이렇게 말한다. "내 생각조차 안 들려." 생각을 들을 수 없다는 것은 문제다. 생각하는 능력은 해킹 불가한 존재가 되는 것과 깊은 연관이 있기 때문이다.

### "네 목소리에 집중해봐"

영화 《맨 오브 스틸》의 한 장면에서 미래에 슈퍼맨이 될 클라크 켄트는 감각 과부하로 괴로워한다. 유튜브에서 "The world's too big, Mom"(세상은 너무 커요, 엄마)를 검색하면 짧은 영상을 볼 수 있다.

이 장면은 아홉 살 클라크가 교실 책상에 앉아 있는 모습으로 시작한다. 화면에 갑자기 연필 다발이 나타나더니, 미국 국기가 아주 조금씩 바람에 흔들린다. 선생님이 교실로 돌아와 칠판에 글자를 휘갈긴다. "캔자스에 처음 정착한 사람은 누구지?"라고 질문하는 소리가 들린다. 그녀는 대답을 기대하면서 몸을 돌려 아이들을 바라본다.

"클라크?"

대답이 없다. 클라크는 교실 안을 정신없이 훑어보며 눈을 이리저리 휙휙 움직인다. 클라크의 호흡이 빨라진다.

"듣고 있니, 클라크? 선생님이 캔자스에 처음 정착한 사람이 누구인지 물었지?"

클라크는 집중하지 못했다. 그의 머릿속은 정신없이 돌아간다. 엑스레이처럼 속속들이 보이는 시각과 극도로 민감한 청각 때문에 손가락으로 두드리는 소리, 심장 뛰는 소리, 시계가 똑딱거리는 소리 등 미세한 소리 하나하나가 선명하게 들린다.

걱정스러워하며 선생님이 다시 묻는다.

"클라크, 괜찮니?"

클라크는 과도한 자극에서 벗어나기 위해 귀를 막고 교실을 뛰쳐나와 소음을 차단하려고 애쓴다. 너무 절박한 그는 학교 관리인의 벽장에 들어가 문을 잠근다. 양동이를 등지고 구석에 웅크려 앉아 손으로 귀를 막는다. 고개를 숙인 채 눈을 감고 위안을 주는 장소를 떠올리려 노력한다.

선생님이 그를 뒤쫓아와서 문을 두드린다.

"저를 좀 내버려두세요." 클라크가 애원했다.

시간이 흐른다. 선생님이 다시 소리친다.

"문 열어봐, 어머니를 불렀단다."

몇 분 뒤 도착한 마사 켄트는 다른 작전을 시도한다. 그녀는 문에 기대어 이렇게 말한다.

"아가야, 문을 열어주지 않으면 엄마가 어떻게 도와줄 수 있겠니?"

"세상은 너무 커요, 엄마." 클라크는 말한다.

마사 켄트는 이렇게 조언한다. "그럼 작게 만들어봐. 네 목소리에 집중해봐. 바다에 떠 있는 섬이라고 생각해봐. 보이니?"

클라크는 눈을 감고 다른 입력을 모두 차단한다. 잠시 후 다시 눈을 뜨고 말한다.

"보여요."

마사 켄트는 한 줄기 희망을 느끼고 턱을 들어 올리며 살짝 웃는다. 그러고는 친절하게 지시한다.

"그럼, 그쪽으로 헤엄쳐보렴."

문손잡이가 천천히 돌아간 뒤 클라크가 조심스럽게 나온다.

## 마음의 눈으로 정보 처리하기

우리 삶은 몇 세대 이전에 조상들이 경험했던 농업 환경과 거리가 멀다. 평화, 고요 그리고 자기 생각을 들을 수 있는 여유는 도시에서 돈으로도 살 수 없는 사치다. 교외 지역에서도 이런 여유를 누릴 수 없기는 마찬가지다. 잔디를 깎고 낙엽을 치워야 한다. 나무도 시끄러운 쇠톱으로 부드럽게 손질해야 한다.

슈퍼히어로는 아니지만 우리도 초인적인 집중력을 활용하는 법을 배웠다. 생명 작용을 통해 이 능력을 기본적으로 지니고 있다. 이 작용을 망상 활성계 Reticular Activating System(RAS)라고 부른다. 해킹 불가한 존재가 되려면 반드시 이 신경 작용 방식을 이해해야 한다.

『임상신경과학 교과서』(*Textbook of Clinical Neurology*)에 따르면 RAS는 "행동 중재를 담당하는 시상하부 전방과, 깨어 있는 비동기화 피질EEG 패턴 활성화를 담당하는 시상 후방 그리고 피질로 연결되는 뇌간에 위치한 뉴런 조직망"이다.[72]

이 설명은 우리 대부분이 이해하기 힘든 용어로 이루어져 있으므로, 나는 다음과 같은 기본 정의를 선호한다. RAS는 "정보 과부하를 방지하는 뇌의 기저부에 퍼져 있는, 서로 연결된 핵의 집합"이다.

《맨 오브 스틸》 장면을 다시 떠올려보라. 클라크 켄트는 RAS가 난무하는 자극을 모두 걸러주지 않았으므로 정신이 금방이라도 완전히 무너져 내릴 것 같았다. 그 결과 정보 과부하를 경험했다. 우리에게 RAS 필터가 없다면 나와 당신도 마찬가지로 정보 과부하를 경험할 것이다. 그러니 우리는 이 중요한 생물학적 걸작을 지니고 태어난 것에 감사해야 한다.

이유는 이렇다. 의식 뇌conscious brain는 1초에 약 40비트 정보를 처리한다. 이 사실은 잠재의식 뇌subconscious brain가 1초에 1,100만 비트의 정보를 처리한다는 사실을 알고 나면 그다지 인상적으로 들리지 않는다.[73] 게다가 이 추정치는 매우 보수적이다. 조 디스펜자 박사는 그의 책『꿈을 이룬 사람들의 뇌』(Evolve Your Brain)에서 "뇌는 매초 4천억 비트의 데이터를 처리한다"라고 말한다.

전문가들에 따르면 우리 "뇌에는 약 1천억 개의 세포가 있고 각 세포는 수천 개의 다른 뇌세포와 연결되어 있다. 뇌는 이렇게 많은 프로세서를 갖추고 있어 1초에 무려 1천억 번 연산을 실행할 수 있다"[74]

이 모든 사실이 해킹 불가한 존재가 되는 것과 무슨 관련이 있을까? 이제부터는 RAS 필터가 중요한 이유와 이 필터를 우리에게 유리하도록 활용하는 방법을 파헤쳐보자. 놀라울 정도로 실용적인 내용이다.

『묘약 프로젝트』는 이 내용을 더 깊이 다룬다.

"RAS는 망상 활성계를 의미해요. RAS 필터는 뇌의 기저부에 있고 뇌로 들어오는 모든 자극을 꼼꼼하게 살펴요. 그리고 처리할 감각 입력과 무시할 감각 입력을 결정합니다. 99퍼센트의 입력은 무시하고 네 가지 요소, 즉 놀라움, 위험, 환경 변화, 두려움 중 하나에 해당하는 아주 작은 부분에 집중해요."

"그리고 다른 건요?" 틸다가 보챘다.

"우리가 집중하라고 지시하는 것에 집중해요. 팔라스가 말한 빨간 차 이야기처럼 말이에요." 키란이 대답했다.

"그 빨간 차들은 계속 거기에 있었어요. 하지만 차에 집중하지 않았기 때문에 보지 못했죠." 피비가 설명했다. "우리는 이제 의식이 1초에 40비트에서 200비트 사이 정보를 처리한다는 사실을 알아요. 하지만 무의식은 같은 시간에 수십억 비트의 정보를 처리하죠. 필터가 없다면 우리 의식은 정보 과부하를 경험하고, 그야말로 혼란 상태에 빠질 거예요."

"이해돼요?" 틸다가 물었다.

"조금 알 것 같아요." 팔라스가 대답했다.

"빨간 차에 대해 무엇을 했는지 생각해보세요." 틸다가 말했다. "빨간 차에 신경을 기울였죠. 일단 그런 결정을 의식적으로 내리고 나니 무의식이 나머지 일을 했어요. 무의식은 내가 찾으라고 지시한 것, 이 경우에는 빨간 차를 찾으려고 수십억 비트의 정보를 샅샅이 뒤졌어요. 어떤 이들은 이 현상을 마음의 눈이라고 불러요."

## RAS 필터를 친구처럼 대하라

RAS 필터는 중립적이다. 우리에게 최악의 적이 될 수도 있고 최고의 친구가 될 수도 있다. 만약 RAS 필터에 모든 장애물과 장벽, 반대 의견을 찾으라고 지시하면 뇌는 훌륭하게도 왜 나의 '이익'이 달성하기 어려운지 증명하는 모든 정보를 모아줄 것이다. 그 결과 우리는 시작도 하기 전에 멈춘다. 사람들은 이 현상의 원인이 '유혹의 법칙'에 있다고 생각하지만 실제로는 RAS 필터 때문에 이런 일이 일어난다.

『생각하라 그리고 부자가 되어라』(*Think and Grow Rich*)의 저자 나폴레온 힐은 이렇게 말했다. "우리 정신은 마음속에 품고 있는 지배적인 생각으로 자화(磁化)한다. … 이 '자석'은 마음속 지배적인 생각과 조화를 이루는 힘, 사람, 삶의 환경을 우리에게 끌어당긴다."[75]

얄궂게도 RAS는 우리 현실이 된다. 자신을 실패자나 패배자로 본다면 성공한 사람들을 밀어낼 것이다. 성공한 사람들이 왜 실패자와 협력하려 하겠는가?

그 반대도 사실이다. 자신을 승리자, 인정받아 마땅한 사람으로 본다면 성공한 사람을 끌어당긴다. 그들은 우리에게 투자할 만한 가치가 있다고 믿기에 우리와 협력하길 원한다.

바꿔 말하면, 자신이 원하는 것을 얻는 게 아니라 자신이 누구인지에 따라 얻는다. 그리고 자신이 누구인지는 무엇에 집중하느냐로 결정된다. "무릇 그 마음의 생각이 어떠하면 그의 사람 됨도 그러하다."[76] 구별되고 싶다면 자기 자신을 다르게 봐야 한다.

『묘약 프로젝트』에서 발췌한 다음 글에서 몇 가지 누락된 단서를 얻을 수 있다.

> "전제는 이렇습니다. 원하는 것을 삶으로 끌어들이는 데 집중하지 마라. 대신 이미 자기 주변에 있는 것에 집중하라. 마음의 눈을 뜨면 자기 아이디어를 실현하는 데 필요한 것이 보일 것이다."
>
> "멋진데요?" 피닉스가 대답했다. "단점이 있나요?"
>
> "물론 있죠." 키란은 말했다. "만약 자신이 바보에 불과하다고 생각한다면

RAS 필터는 그 믿음을 뒷받침할 증거를 찾느라 더 오랜 시간을 들여 일할 거예요. 내가 괜찮은 사람이라는 증거 수백 가지는 눈에 들어오지 않고, 그렇지 않은 몇 가지 이유에만 집중할 겁니다. 이런 일이 일어나면, 나는 꽤 잘 살아왔다는 생각으로 마음을 고쳐먹어야 해요. 그렇게 하면 RAS 필터는 더 활발하게 작동하면서 그 믿음을 뒷받침하는 증거를 샅샅이 뒤지기 시작합니다."

당신은 앞에서 살펴본 자신의 '이익'에 대해 약간의 두려움이 있을 것이다. 두려움은 나쁜 것이 아니다. 두려움은 전에 같은 상황을 겪어본 적이 없다는 표시일 뿐이다. 새 영역에 발을 디뎠다는 사실을 알려준다. 그리고 두려움은 갈림길과도 같다. 자기 방식을 고수하게 하거나 새로운 기회를 얻게 될 수도 있다.

두려움 + RAS 필터 = 더 강해진 두려움

믿음 + RAS 필터 = 더 강해진 믿음

신경심리학자 도널드 헵 Donald Hebb 은 "함께 활성화되는 뉴런은 함께 연결된다"고 했다. 그는 반복을 통해 뇌의 경로가 형성되고 강화된다는 사실을 발견했다.[77]

장애물을 원하지 않는다면 장애물에 집중하지 마라. 기회를 원한다면 기회에만 집중하라. 자신이 집중하는 감정을 강화하고 있음을 기억하라.

# 자기 자원에 눈 뜨기

당신이 망상 활성계$^{RAS}$ 필터를 다시 설정한다면 인생을 다르게 바라볼 시간을 가질 수 있다.

당신이 앞으로 인생에서 찾고(얻고) 싶은 다섯 가지를 나열하라.

1.

2.

3.

4.

5.

인생에서 더는 찾지 않을 다섯 가지를 나열하라.

1.

2.

3.

4.

5.

# 증폭

## 열린 창을 닫고 영향력 키우기

어떤 기업이 성공했다면 과거에 누군가가 용기 있는 결정을 내렸기 때문이다.

피터 드러커

구글 이미지 탭에서 '지저분한 컴퓨터 바탕 화면'을 검색해 보면 갑자기 숨이 막히고 불안해질지도 모른다. 그럴 때마다 스트레스 호르몬인 코티솔이 뿜어져 나와 혈류를 타고 흐른다. 내 경우는, 지나치게 어수선한 컴퓨터 화면을 보면 특정 호르몬이 분비되고 그 결과는 … 좋지 않다.

이 달갑지 않은 기분은 어느 정도 보편적인 듯하다. 실제로 한 잡지는 「소름 끼치게 지저분한 이 바탕 화면이 당신을 불안하게 한다」라는 제목으로 기사를 게재했다. "깜짝 놀라 비명이 나오고 온몸이 움츠러들었어요"라는 댓글이 달릴 정도로 이 기사는 스트레스를 유발하는 바탕 화면 사진을 소개한다.[78]

바탕 화면뿐만 아니다. 지나치게 많은 브라우저 탭과 많이 열려 있는 창도 그에 못지않게 높은 스트레스를 유발한다. 이번에는 '너무 많은 브라우저 탭'이라는 검색어로 구글 이미지 검색을 해보라. 누군가를 미치게 할 수도 있다. 열려 있는 모든 창에 관심을 기울이는 사람이라면 더 그렇다. 넘쳐나는 아이콘, 창, 탭, 프로그램을 볼 때 답답함이 밀려오는가?

컴퓨터도 마찬가지다. 열려 있는 모든 활동은 생산성을 저해한다. 알다시피 모든 컴퓨터는 램 용량이 제한되어 있다. 한꺼번에 많은 일이 일어나면 컴퓨터의 역량은 심각하게 해킹당한다.

IT 매체 『테크리셔스』(Techlicious)에 실린 기사에서 너태샤 스톡스Natasha Stokes는 "당신의 컴퓨터가 느린 15가지 이유"를 공유한다.[79] 역설적이게도 인간이 해킹당하는 이유와도 상당 부분 겹친다. 그중 여섯 가지를 소개한다.


1. 시작 프로그램이 너무 많다.
2. 하드 드라이브에 오류가 있다.
3. 하드 드라이브의 95퍼센트가 차 있다.
4. 브라우저에 부가기능이 너무 많다.
5. 한꺼번에 너무 많은 프로그램을 실행한다.
6. 브라우저 탭이 너무 많이 열려 있다.


컴퓨터는 본질적으로 많은 일을 동시에 처리하려고 한다. 많이 들어본 이야기인가? 스톡스는 침울한 경고를 던진다.

한꺼번에 많은 일을 처리하려고 컴퓨터를 사용하지만, 어느 시점에 이르면 이 작은 기계 뭉치는 흔들리기 시작한다. 동시에 여러 프로그램을 실행하는 컴퓨터의 능력은 부분적으로 RAM(랜덤 액세스 메모리)에 기반하고 있다. … 열려 있는 프로그램의 요구 사항이 컴퓨터 메모리와 처리 능력을 초과하면 속도가 느려진다.

탭이 너무 많이 열려 있으면 컴퓨터 성능에 도움이 되지 않는다. 우리는 무언가를 잊거나 놓치지 않으려는 생각으로 마냥 창을 열어두고 기계의 전반적인 성능을 희생시킨다.

수십 개의 열린 탭에 둘러싸여 있다면 브라우저는 적정 비율보다 훨씬 더 높은 수준으로 RAM 용량을 점유하고 있을 가능성이 높다. "브라우저 탭은 새로 열리면 RAM에 저장된다. RAM이 조금밖에 남아 있지 않으면, 활성 상태인 모든 작업을 처리할 공간이 부족하므로 속도가 느려진다."

인간은 컴퓨터와 다르지만 비슷한 면도 있다. 세 번째 집중력 필터는 컴퓨터의 RAM처럼 우리 에너지도 한정되어 있다는 사실을 보여준다. 따라서 우리는 지능적으로 주의를 할당해야 한다. 결정을 자동화해 에너지 일부를 절약할 수 있지만, 아직은 부족하다.

우리는 일을 시작하면서 백그라운드에서 너무 많은 프로그램을 실행한다. 해야 할 일, 가야 할 장소, 만나야 할 사람을 하나하나 의식적으로 생각하지는 않겠지만 이 모든 과제는 잠재의식 속으로 서서히 스며든다. 나는 아직 해결되지 않은 이런 문제를 '열린 창'이라 부른다. 열린 창의 무게는 우리의 전반적인 수행력에 심각한 영향을 미친다.

아무리 좋은 의도라 해도 창이 많이 열려 있으면 일할 의지가 떨어진다. 일을 수행하는 것만으로 운이 좋은 셈이다. 우리는 시작도 하기 전에 허전함을 느끼고 감당하지 못할 정도로 많은 일을 벌여놓는다. 그 결과 영향력이 약해진다.

### 미루는 습관 버리기

잭 캔필드는 의사결정에 관해 다음 네 가지 대응 중 하나를 선택하라고 조언한다.

1. 진행하기
2. 위임하기
3. 연기하기
4. 포기하기

그의 조언에는 한 가지 문제가 있다. 바로 '연기하기'다. '해킹 불가 영향력 방정식'을 통해 이 선택지가 왜 끔찍한 생각인지 알 수 있다.

**진행하기 ➡ 내가 그 일을 한다!**

**위임하기 ➡ 누군가 그 일을 한다!**

**포기하기 ➡ 아무도 그 일을 하지 않는다!**

**결정함 = 닫힌 창 ➡ 영향력 증폭**

**연기하기 ➡ 누가 그 일을 할지 정해지지 않았다.**

┌─────────────────────────────────────────┐
│ **결정하지 못함 = 열린 창 ➡ 영향력 억제** │
└─────────────────────────────────────────┘

일을 진행하거나 위임 및 포기할 때 기회의 창은 닫힌다. 이 세 가지 대응은 결정을 요구한다. 이렇게 해킹 불가한 사람들은 항상 결정을 내린다. 결정은 종결의 의미를 담고 있으므로 강력하다. 종결은 영구적인 것이며, 이런 이유로 '결정' decide이라는 단어가 탄생했다. 말 그대로 죽음이라는 대가가 따르기 때문이다.

나는 『깊은 길』(*The Deeper Path*)에서 그 이유를 이렇게 설명했다.

> 영어 단어 decide의 어원은 '잘라내다'를 뜻하는 라틴어 단어 decidere와 이 단어의 사촌 단어인 '자르다' 또는 '죽이다'를 뜻하는 caedere에서 유래한다. 영어 단어 homicide도 같은 라틴어 단어 caedere에 뿌리를 둔다.
> 결정 내리는 일은 말 그대로 '주어진 선택지를 죽이는 일'이다. 우리는 결정을 내릴 때 다른 가능성을 열어둘 기회를 잘라낸다.[80]

우리는 결정을 내릴 때마다 일종의 상실감을 경험한다. 그래서 많은 사람이 결정 내리는 일을 완전히 피하려고 한다. 상실감을 느끼지 않도록 자신을 방어한다고 생각하는 것이다. 하지만 결정을 내리지 않는 것 자체가 결정이라는 사실을 깨닫지 못한다. 사실 우리는 결정하지 않기로 선택해 현재 있는 곳에 그대로 머무르기로 '결정'한다. 결정을 보류하는 것은 문제를 해결하지 못하며 고통을 연장할 뿐이다.

『상식 밖의 경제학』(*The Predictably Irrational*)의 저자 댄 애리얼리는 결정 보류 이면의 심리를 이렇게 설명한다. "선택의 문을 닫는 행동은 상실로 느껴지며 사람들은 상실감을 피하기 위해 기꺼이 대가를 지불한다."[8]

해킹당한 사람들은 좀처럼 결정을 내리지 않는다. 그렇게 해서 많은 창을 열어둔다. 결정을 보류하면 우리 잠재의식은 아직 해결되지 않은 문제에 에너지와 주의를 계속 쏟아야 한다. 컴퓨터와 마찬가지로 이 열린 창은 우리의 전반적인 수행력과 생산성을 크게 떨어뜨린다.

## 창 닫기 코칭

나는 코칭을 받는 고객 몇 명과 함께 '창 닫기'라는 매우 효과적인 훈련을 한다. 최근 고객의 경험을 예로 들어 이 훈련을 구성하는 4단계 과정을 설명하겠다.

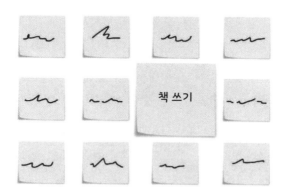

1. **확인하기.** 포스트잇을 사용해 아직 해결되지 않은 문제를 한 장에 하나씩 적었다. 마음속에 떠돌아다니던 결정되지 않은 문제들이었다.

2. **정렬하기.** 12장의 메모(20, 30장이 될 수도 있다)를 한꺼번에 볼 수 있도록 펼쳐놓는다. 이 열린 창들이 자신을 해킹하고 있다는 사실을 깨달았다. 그녀는 이 문제를 처리하는 데 무의식적으로 엄청난 양의 주의와 에너지를 쏟고 있었다.

3. **결정하기.** 그녀는 자신의 영향력을 증폭하기 위해 몇몇 열린 창을 닫아야 했다. 그래서 각각의 메모를 '진행, 위임, 폐기'라는 세 범주 중 하나에 넣기로 결정했다.

4. **연기하기.** 열린 창 하나는 너무 커서 그녀가 어떤 조치를 선택할지 모임 시간 안에 결정하기 어렵겠다고 판단해 잠시 선택을 미루도록 허락했다.

이처럼 '큰 창'을 마주한 상황이라면 72시간 고민권을 준다. 그녀는 책을 출간해야 할지 말아야 할지 고민했다. 책을 쓰는 데 이미 많은 시간을 투자한 상태였다. 내적 갈등에서 뿜어져 나오는 에너지를 느꼈고, 그녀의 머리와 가슴은 서로 다른 말을 했다. 그 자리에서 결정하게 할 수도 있었지만 72시간을 주기로 했다. 결정 사항이 중대한 경우 깨어 있는 뇌에 최대 3일 동안 고민할 시간을 주는 것이다.

72시간 미디어를 끊거나 단식할 수도 있다. 일기를 쓰거나 산책해도 좋다. 이러한 환경에서 결정의 무게와 의미를 인식하고 특정 결정을 내리는 데 모든 주의와 에너지를 쏟아붓게 된다.

이 고객의 다른 열린 창 처리에는 짧은 시간만 있으면 됐다. 그녀는 해결할 문제를 적어 배열하고 나서 약 30분 만에 19개 문제를 모두 결정했다.

사전에 합의한 대로 모임이 끝난 지 정확히 72시간 뒤에 그녀는 연기할 수 있는 유일한 결정이었던 책 출간과 관련해 이메일을 보내왔다. 그녀는 이 문제를 포기하기로 결정해 열린 창을 닫았다.

나는 이 결정이 그녀에게 올바른 결정임을 직감했다. 몇 년 전부터 품어온 꿈이 사라지는 게 두려워 결정을 끝없이 미뤘을 것이다. 72시간 고민권이 있었으므로 그녀가 열린 창을 닫고 책을 포기할 수 있었다. 다른 고객이었다면 책 출간을 진행하고 다른 창을 닫아 책 쓰는 데

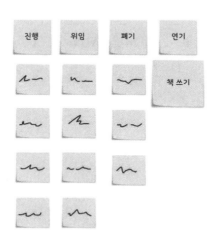

더 많은 에너지와 주의를 확보하라고 권했을 것이다. 하지만 그녀는 적어도 지금은 책에 마음이 없다고 느꼈다.

아래 이메일에서 그녀가 책 쓰기를 포기한 뒤 즉시 새 창을 열어 다른 중요한 일을 하기로 결심했음을 확인할 수 있다.

> 지난 금요일 멋진 코칭 세션을 진행해주셔서 다시 한번 감사드립니다!
>
> 책 출간 창을 닫기로 한 제 결정을 알려드립니다.
>
> 대신 _____ 창을 새로 열기로 했습니다.
>
> 나머지는 그대로 유지했고, 다른 영역에서 진행하는 일과 더 연관성 높은 뉴스레터를 이제 막 만들었습니다. 금요일 모임에서 얻은 큰 깨달음은 매번 새 콘텐츠를 생각해내려 하지 말고 현재 구현 중인 콘텐츠에 더 '깊이' 파고들어야 한다는 것이었습니다. 항상 알고는 있었지만 실천하지 못했어요. 이 아이디어 하나를 실천하는 것만으로 창을 닫는 데 도움이 되다니 놀랍습니다.

이는 자연 법칙과 조화를 이룬다. 빈 공간은 항상 다른 것으로 채워진다. 당신이 처음 이사했던 집만 떠올려봐도 알 수 있다. 집의 빈 공간은 순식간에 채워진다. 우리 마음도 마찬가지다. 열린 창을 닫으면 우리의 '이익'을 위한 공간이 더 넓어진다.

# 열린 창을 닫고 영향력 키우기

이제 당신의 영향력을 더 크게 키울 차례다. 다음 단계를 따라라.

1. **확인하기.** 노트나 포스트잇에 아직 해결되지 않은 문제를 적어라. 마음속에 떠돌아다니는 결정되지 않은 모든 문제를 나열하라. 몇 분만 시간을 가지고 생각하면 문제들이 계속 표면으로 떠오를 것이다. 크고 작은 문제를 모두 적어라.

2. **정렬하기.** 열린 창들을 한꺼번에 볼 수 있도록 탁자나 벽에 펼쳐놓아라. 이 열린 창들이 당신을 해킹하고 있다는 사실을 인식하는가? 이 문제들을 처리하려고 애쓰는 과정에서 무의식적으로 엄청난 에너지를 소비하고 있음을 아는가?

3. **결정하기.** 당신의 영향력을 증폭하려면 이 창들을 모두 닫아야 한다. 각각의 열린 창을 다음 세 가지 범주 중 하나에 넣기로 결정하라.

진행     위임     폐기

4. **미루기.** 너무 중요해서 지금 결정하기 어려운 문제가 있다면 72시간 동안 결정을 미루어라. 꼭 필요한 '단 하나'에 대해서만 그리고 머리와 가슴이 서로 충돌하는 경우에만 결정을 미루라. 그런 경우 외에는 지금 모든 창을 닫기로 결정하라.

5. 결정을 미뤘다면 72시간 내 확실한 결정을 내려야 한다. 앞으로 72시간 안에 현재 가능한 최선의 결정을 내리는 데 집중하라.

## 열린 창 닫기
나는 다음 결정을 72시간 동안 미루겠다.

72시간 고민한 결과 이렇게 결정했다.
**실행** ☐        **위임** ☐        **포기** ☐

창을 모두 닫았으니 당신의 '이익'을 위한 여유 공간이 생겼을 것이다. 이제 실행하거나 위임할 수 있는 새로운 일이 떠오르는가? 그 일들을 나열해보라.

# 활성화

## 정보 다이어트 활성화하기

완벽함이란 더 이상 더할 것이 없을 때가 아니라
더는 뺄 것이 없을 때 쓰는 말이다.

**앙투안 드 생텍쥐페리**

집중 단계 마지막 날까지 왔다. 눈치챘을지 모르지만, 당신은 해킹 불가한 존재가 되기 위한 과정에서 여러 부분 달라지고 있다. 가장 중요한 변화는 자신을 보는 방식, 즉 정체성 변화다.

앞서 말했듯, 이 변화는 내가 좋아하는 명언 중 하나인 아나이스 닌의 말과 긴밀히 연결되어 있다. "우리는 사물을 있는 그대로 보지 않고 자신의 관점에 따라 다르게 본다."[82]

자아상은 모든 것에 영향을 미친다. 이는 자산이나 인맥보다 더 중요하며 소속이나 지능보다 더 강력하다. 심지어 자신의 '이익'을 바라보는 방식에도 영향을 미친다. 우리는 삶에서 원하는 것을 얻는 것이 아니라 자신이 누구인지에 대한 답을 얻는다. 그리고 자신이 누구인지는 자신을 어떻게 바라보느냐에 따라 결정된다.

안타깝게도 많은 사람이 자신을 그저 '소비자'로만 여긴다. 또 다른 상당수의 사람은 자신을 '평가자'로 여긴다. 반면 소수만이 자신을 '창작자'로 여긴다. 당신은 어느 쪽인가? '집중 체계'Focus Framework를 통해 부족한 조각을 채울 수 있다.

## 집중 체계

| 정체성 | 입력 | 출력 |
|--------|------|------|
| 소비자 | 필터 없음(모두 통과) | 없음 |
| 평가자 | 필터 없음(모두 통과) | 없음 |
| 창작자 | 필터 있음(일부 통과) | 한 가지 |

### 정체성

자기 자신을 바라보는 방식을 뜻한다. 정체성은 행동에 영향을 미친다. 달리기 선수는 달리고 작가는 글을 쓰며 수영 선수는 수영을 한다. 집중 체계 맥락에서 보면 소비자는 소비하고 평가자는 평가하며 창작자는 창작한다.

### 입력

받아들인 정보를 뜻한다. 소비자와 평가자에게는 필터가 없다. 그들은 어떤 것에도 집중하지 않는다. 소비자는 모든 것을 소비하고, 평가자는 모든 것을 평가한다. 반면에 창작자에게는 필터가 있다. 그들은 자기 '이익'을 성취하는 데 도움이 되는 것만 받아들인다.

### 출력

내놓는 결과물을 뜻한다. 소비자는 아무것도 내놓지 않는다. 그들은 소비하느라 바쁘다. 평가자 역시 아무것도 내놓지 않는다. 그들은 평가하느라 바쁘다. 창작자는 예외다. 그들은 자기 '이익'을 내놓는다.

이 책을 읽기 전까지 자신을 어떻게 바라보았는가?

　　　소비자 ☐　　　　　평가자 ☐　　　　　창작자 ☐

새로운 인식을 얻은 지금은 자신을 어떻게 바라보는가?

　　　소비자 ☐　　　　　평가자 ☐　　　　　창작자 ☐

## 다이어트의 필요성

몇 달 전 한 여성이 몇 년간 책을 얼마나 읽었는지 자랑하는 것을 우연히 들었다. 그녀는 수십 개의 블로그와 팟캐스트를 구독하고 콘퍼런스에 참석하며 여러 제품을 구입하고 많은 강좌에 등록했다고 말했다.

순전히 섭렵하는 콘텐츠의 양이 성공을 나타내는 신호라면 우리는 하던 일을 멈추고 콘텐츠를 몰아보기 시작해야 한다. 하지만 콘텐츠 소비만으로 성공한 사람은 없다. 지식은 힘이 아니다. 지식의 올바른 사용, 곧 지혜가 진정한 힘이다.

주변에 자신의 콘텐츠 소비 수준을 자랑하던 사람은 스스로 만들어 내는 것이 없었다. 깊이를 희생하고 양에 집중하는 일은 단지 얕은 수준의 성공을 보장할 뿐이다. 긴급성을 다룬 13일 차 내용을 되새겨보라. 이틀마다 생산되는 정보량이 인류 역사가 시작된 때부터 2003년까지 만들어진 모든 정보보다 많다. 양으로 승부를 보려고 하면 매일질 수밖에 없다. 우리가 '정보 다이어트'를 실행한다면 개인적으로나 직업적으로나 엄청난 이점을 경험할 것이다.

딱히 배고프지도 않은데 찬장이나 냉장고 앞에 서서 먹을 것을 찾은 적이 있는가? 당신만 그런 것이 아니다. 우리는 지루하거나 혼란스러울 때 혹은 일이 너무 많아 어쩔 줄 모르거나 영감이 떠오르지 않을 때 단 음식을 찾는다. 콘텐츠에 대해서도 같다. 보통 지루하거나 혼란스러울 때 혹은 일에 압도되거나 영감이 떠오르지 않을 때 다른 콘텐츠를 소비해 주의를 잠시 다른 데로 돌린다.

문제는 대부분이 이미 아는 지식의 10분의 1도 적용하지 않고 있다는 점이다. 자신이 무언가를 한다고 합리화하지만 단순히 더 많은 정보를 머릿속에 집어넣고 나면 죄책감과 무력감만 남을 뿐이다.

10년 전, 나는 미리 설정한 목적이 없으면 콘텐츠를 소비하지 않으려고 마음을 먹었다. 제임스 앨런의 말을 가슴에 새겼다. "생각이 목적과 연결되지 않으면 지적 성취를 이룰 수 없다."[83]

나는 찬장으로 가서 쓸모없이 칼로리를 섭취하지 않기로 했다. 대신 '먹기' 전에 힘든 일을 하기로 결심했다. 내가 콘텐츠를 소비하려는 목적을 먼저 파악했다. 그리고 소비한 내용을 적용하기 전에는 또 다른 콘텐츠를 소비하지 않기로 다짐했다. 그 결과 섭취량이 급격하게 줄어들었고 훨씬 더 빠른 속도로 내 '이익'을 향해 나아갈 수 있었다.

## 정보 다이어트의 요소

콘텐츠를 선택적으로 소비할 때 얼마나 많은 시간을 절약할 수 있을지 알면 대부분 놀란다. 소비를 완전히 중단하라고 하는 것이 아니다. 나는 정보 '다이어트'$^{DIET}$를 제안한다.

이 공식을 적용하면 남은 평생 일주일에 최소 10시간을 절약할 수 있다. 그만큼 강력하다.

- **D** = 가려 하는 곳을 결정$^{Determine}$한다.
- **I** = 원하는 결과를 미리 경험한 한 명(하나의 주제)을 파악$^{Identify}$한다.
- **E** = 영양가 없는 칼로리를 모두 제거$^{Eliminate}$한다.
- **T** = 습득한 가치를 충분히 활용한 후 초점을 다른 곳으로 돌린다.$^{Turn}$

# 정보 다이어트 활성화하기

이제 당신 차례다. 작업 대부분은 지금까지 수행한 일일 과제에서 이미 마쳤다. 자신의 '이익'이 무엇인지 파악했으므로 어디로 향할지도 이미 알고 있다.

- D = 가려는 곳을 결정한다.

당신의 '이익'을 적어라.

(처음으로 '이익'을 고른 2일 차보다 지금은 더 명확해졌을 것이다.)

- I = 원하는 결과를 미리 경험한 한 명(하나의 주제)을 파악한다.

내가 집중하고 싶은 한 사람을 택하라. 그리고 인생의 다음 절기 동안 이 사람이 제공하는 콘텐츠를 모두 찾아 소비한다. 10가지 '각기 다른' 성공 모델을 가진 10명이 제공하는 콘텐츠를 동시에 소비하는 것은 위험하다. 많은 사람이, 잘 알지 못하는 여러 모델을 한데 섞고는 왜 효과가 없는지 궁금해한다.

문제는 이러한 성공 모델 중 다수는 상충한다는 사실이다. 여러 모델을 혼합하는 방식은 실패로 가는 지름길이다. 이는 10가지 다른 음식을 믹서기에 넣고 갈아 마시는 것과 비슷하다. 피자, 피클, 치즈, 자몽, 견과, 케이크, 아이스크림, 스테이크, 아보카도, 초밥을 모두 섞는다고 상상해보라. 이 꺼림칙한 예는 콘텐츠 소비에도 똑같이 적용된다. 자신의 롤 모델을 혼합하지 마라. 당신이 연구해야 할 사람이 누구인지 파악하라.

• E = 영양가 없는 칼로리를 모두 제거한다.

쓸데없는 칼로리 섭취는 우리를 해킹한다. 집중을 방해하고 한정된 에너지와 주의를 빨아들인다. 그래서 나는 삭제, 구독 취소, 필터링에 노력을 들인다.

자신의 '이익'과 반대되는 영양가 없는 칼로리를 걸러내는 수십 가지 요령과 팁이 있다. 물론 처음에는 번거로울 수 있지만 그렇게 하는 의도를 기억하라. 해킹 차단력 구축에는 우연의 요소는 없고, 오직 의도를 가져야만 가능하다.

내가 아는 사람들은 페이스북 뉴스 피드를 필터링한다. 도구를 사용해 원하지 않는 특정 키워드가 포함된 게시물이 피드에 표시되지 않도록 한다.

당신에게 쓸데없는 칼로리를 아래에 나열하라. 나열한 항목을 지금 또는 앞으로 24시간 안에 제거하려고 노력하라.

_____

_____

_____


• T = 습득한 가치를 충분히 활용한 후 초점을 다른 곳으로 돌린다.

에드윈 반스는 무일푼이던 떠돌이 시절, 위대한 토머스 에디슨을 만났다. 반스는 단지 에디슨 곁에 머물고 싶어 청소 일이라도 맡게 해달라고 했다. 에디슨과 가까이 있는 것이 곧 힘이라 믿었고, 일하는 내내 수십 년 동안 에디슨을 파고들었다. 결국, 반스는 에디슨의 발명품을 배급하는 상인이 되었고 이후에는 동업자로 일할 수 있었다. 다른 사람은 너무 일찍 다른 곳으로 옮겨갔지만, 반스는

끝까지 남아 넉넉한 보상을 받았다.[84]

친구 톰 라이언 코치는 레슬링 선수 생활을 하던 시절에 이를 실행했다. 그는 시러큐스 대학교에서 후한 장학금을 받았지만 몇 년 뒤 미국 1위 팀 아이오와 주립대학교에 들어가기 위해 아무런 확신도 없이 모든 것을 남겨두고 떠났다. 세계 최고의 코치, 올림픽 금메달리스트 댄 게이블에게 배울 기회를 얻기 위해 시러큐스 대학교의 보장된 지위를 포기했다. 그는 자신의 '이익'을 성취하려면 시러큐스를 떠나야 한다는 것을 알고 있었다.

당신도 롤 모델 곁에서 끝까지 버티도록 해보라. 가능한 한 모든 것을 캐낼 때 까지 그와 계속 함께하라. 콘텐츠를 소비하는 동안에도 창작 활동을 이어가라.

# 4부

# 몰입 상태를
# 유지하는 법

최적의 성과
창출

몰입 유지

**20일**

# 분투

## 수행력 최대화하기

몰입Flow은 사람이 어떤 활동을 수행하는 과정에서
강한 집중력으로 온 정신을 기울이며
즐기는 기분에 완전히 빠져든 마음 상태다.

**미하이 칙센트미하이**

멘탈해킹 차단 프로세스의 세 번째이자 마지막 요소에 왔다. 첫 번째 구성 요소인 아이디어(완벽한 아이디어 구조)로 시작해, 두 번째 요소인 집중(의도적인 집중 유도)을 살펴보았고, 이제 몰입(최적 성과)을 파헤쳐볼 차례다.

몰입은 인류 역사 초기부터 존재해왔으나 과학과 기술의 발전 덕분에 이제 높은 수행력, 향상된 생산성, 위대한 성취와 관련된 거의 모든 대화에서 가장 핵심적인 요소로 떠올랐다.

몰입은 '총알 시간' bullet time이라고도 불린다. 몰입 상태에서는 게임이 우리가 결과를 바꿀 수 있을 정도로 느려진다. 나머지 사람들이 그저 삶에 반응하는 동안 우리는 삶을 조종할 수 있다. 게다가 완벽에 가까운 의사결정을 경험하며, 이때 마음속 자기비판을 멈추고 더는 자기검열을 거치지 않는다.

몰입이라는 개념을 처음 접한 이들에게는 몰입의 이점이 비현실적으로 느껴지거나 적어도 할리우드 대본에서나 볼 수 있는 과장된 이야기처럼 들린다. 하지만 그 핵심은 기본 신경생물학 이론으로 쉽게 증명되며, 우리가 몰입 상태에 있을 때 전두엽 피질에서 일어난다.

『묘약 프로젝트』는 공상과학 소설로 분류되지만, 나는 소설을 쓸 때 몰입과 관련된 세부 내용을 꼼꼼하게 조사했다. 내 조사는 몰입의 설계자로 불리는 미하이 칙센트미하이의 저서에서 출발해 많은 상을 받은 기자 겸 플로우 리서치 콜렉티브의 상임 이사이자 성과 향상에 관한 한 세계 최고 전문가인 스티븐 코틀러에 이르기까지 광범위하게 이루어졌다.

나는 『묘약 프로젝트』에서 이야기를 통해 세상에 몰입을 소개하려 했다. 몰입 개념을 대화 형식으로 풀어낸 아래 인용문을 읽어보라.

> "남은 하루는 당신 것입니다. 성직자 여러분, 회복 시간을 가지세요. 힘이 필요할 테니 먹고 자고 쉬는 것에 집중하면 됩니다. 몰입 평결은 내일 오전 6시에 시작합니다."
>
> 몰입? 지난 몇 년간 카이는 저녁 토론 시간에 몰입에 관한 새로운 발견을 두고 수십 번도 넘게 열변을 토하며 불평을 쏟아냈다.
>
> "하지만 이건 달라요." 카이가 내게 말했다. "몰입은 최상의 인간 수행 활동이에요. 몰입 상태에서는 생산성이 500퍼센트 더 높다고요. 방해 요소를 차단하고 더 많은 정보를 수집하며 향상된 패턴 인식을 경험할 수 있어요. 몰입

은 여러 아이디어를 더 빠르게 연결하는 능력을 제공해요."

　…

　피닉스가 바로 끼어들었다. "어떻게 그게 가능하죠? 경기 상황에서 몰입의 순간에 도달해 봤지만, 생산성을 500퍼센트 유지하는 건 공상과학 소설에나 나오는 얘기처럼 들리네요."

　"공상과학이 아니라 과학적 사실이에요." 키란이 말했다. "몰입 상태에서는 뇌가 지구상에서 가장 강력한 다섯 가지 신경 화학 물질인 노르에피네프린, 도파민, 엔도르핀, 아난다미드, 세로토닌을 분비해요. 이 물질들은 각각 중요한 역할을 해요. 노르에피네프린은 심장박동 수를 증가시키고 주의력과 감정 조절 능력을 향상시켜요. 도파민은 RAS 필터와 함께 작용해 패턴 인식과 기술 향상 능력으로 이어지는 초인적인 집중을 가능하게 하고요. 엔도르핀은 신체적, 정서적, 정신적 불편함을 견딜 수 있는 한계점을 높여주죠."

　"저희도 약간의 고통을 이야기하는 게 아니에요." 맥널티가 말했다.

　"대부분 사람은 몰입이 무엇인지도 모르면서 경험했어요." 피비가 말했다. "마라톤 선수는 그걸 러너스 하이runner's high라고 불러요. 음악가들은 리듬에 몸을 맡긴다고 표현하고, 축구 선수들은 공과 하나가 된다고 말하죠."

　키란은 이어서 마지막 두 가지 신경 화학 물질을 설명했다. "아난다미드는 기분을 돋우고 고통을 누그러뜨리며 대조를 이루는 아이디어를 서로 연결하는 수평 사고 능력을 강화해요."

　그것이 바로 내가 필요한 것이었다. 이 모든 조각이 어떻게 하나로 맞춰지는지 인식하는 능력 말이다.

　"그리고 세로토닌은 다섯 번째이자 마지막 신경 화학 물질이에요." 키란이 설명했다. "이 물질은 통증이 있어도 일에 집중할 수 있게 도와주죠."

"강력하네요. 그럼 엘릭시르(묘약)의 역할은 뭐죠?" 데이먼이 물었다.

"여러분의 뇌를 관찰해서 네 명의 성직자를 해킹 불가하도록 만드는 요소 일부가 바로 몰입 성향이라는 사실을 발견했어요." 키란이 대답했다. "대부분 사람은 다양한 수준의 몰입 잠재력을 가지고 있지만, 여러분의 몰입 잠재력에는 한계가 없어요."

"그게 무슨 말이죠?" 내가 물었다.

"전에는 결코 이런 것을 본 적이 없어요." 피비가 분명히 말했다. "그야말로 초인적이에요. 만약 이것을 활용하거나 복제할 수만 있다면 여러분은 인간으로서 최상의 성과를 내게 될 거예요. 우리는 연구에 박차를 가해 여러분이 어떻게 그렇게 할 수 있는지 확인할 겁니다."

"운이 좋기도 하지." 카르메는 비꼬며 말했다.

"시간이 지나면 밝혀지겠죠." 맥널티가 웃으며 말했다.

"헬멧이 도움이 될 거예요." 틸다가 말했다. "헬멧을 이용해 여러분의 몰입 상태를 지켜볼 거예요."

그들이 이번에는 우리 정신에 어떤 새 기술을 도입했는지 궁금했다. 나머지 두 평결을 생각하면 알고 싶지 않기도 했다.

"여러분은 몰입 상태에 있을 때 거의 완벽한 의사결정을 경험합니다. 정보를 흡수하고 동기화한 다음 통합하죠." 틸다가 말했다. "그 순간에 너무 집중한 나머지 자기 한계조차 인식하지 못합니다. 마음속 자기비판을 멈추고 더는 자기 검열을 거치지 않으니까요."

내 인생은 끊임없는 판단의 연속이었다. 내가 어떻게 보일까? 내 말이 어떻게 들릴까? 그들이 어떻게 생각할까? 이게 맞는 걸까? … 그런 자기 검열이 사라진다니, 쉽게 상상할 수 없었다.

"그런데 몰입에는 어두운 측면이 있어요." 틸다가 경고했다. "돌아오고 싶지 않을 수도 있어요."

나는 걱정하며 몸을 기울였다.

"이 다섯 가지 신경 화학 물질을 과소평가하지 마세요. 아무 중독자에게나 물어보세요." 틸다가 이어서 말했다. "현재에 지나치게 사로잡혀 저희가 여러분을 그곳으로 보낸 진짜 이유를 잊으면 안 됩니다. 여러분은 묘약 백신을 찾으려고 그곳에 있는 겁니다."

그녀의 말에 나는 현실로 돌아왔다. 우리가 실패하거나 돌아오지 못하면 인류가 마지막 대가를 치르게 된다.

## 재즈 연주자들의 몰입 경험

우리가 몰입 상태에 있을 때는 전전두엽 피질에 독특한 현상이 일어난다. 본질적으로 작동을 멈춘다. 코틀러는 다음과 같이 말한다.

외인성 체계extrinsic system가 꺼지고 내인성 체계intrinsic system가 그 역할을 대체한다. 효율 교환이 일어난다. 주의를 집중하는 동안 뇌의 에너지 예산은 고정되어 있다. 뇌는 체중의 2퍼센트에 불과하지만 에너지의 20퍼센트를 사용한다. 크기에 비해 에너지를 많이 잡아먹는다. 집중과 주의를 위해 에너지가 필요할 때 뇌가 효율 교환을 수행하는 이유다. 몰입 상태에서는 자기 자의식이 현실을 처리하는 과정을 지켜볼 수 있지만 보통은 그렇지 않다.[85]

몰입 상태 밖에서 우리는 항상 자신을 검열한다. 그렇지 않은 유일한 집단은 아기들이다. 아기들은 아무것도 부끄러워하지 않는다. 시간이 지나면서 서서히 자신을 자각하게 되면 판단하기 시작한다.

하지만 자신의 생각, 말, 행동을 하나하나 분석하다 보면 현재 순간에서 자신을 지워버리고 싶을 때가 많다. 생산성은 떨어지고 스트레스가 쌓인다. 이런 일은 상당히 자주 일어난다.

인간이 몰입 상태에서 분비되는 신경 화학 물질을 즐기는 이유이기도 하다. 이 상태를 자연스럽게 경험할 수 없을 때 어떤 사람들은 화학 물질과 불법 약물을 사용해 비슷한 효과를 인위적으로 얻으려 한다.

과학자들은, 재즈 음악가들이 즉흥 연주를 할 때 그들의 뇌가 자기 검열 및 억제와 관련된 뇌 영역의 작동을 중단시키고 자기 내면을 자유롭게 표현하게 만드는 영역을 활성화한다는 사실을 발견했다. 찰스 림 Charles J. Limb 박사는 「재즈를 연주할 때 뇌 활동」(This Is Your Brain On Jazz)이라는 기사에서 이렇게 말했다. "재즈 음악가는 즉흥 연주를 할 때 보통 눈을 감고 전통적인 멜로디 규칙과 리듬 규칙을 뛰어넘는 독특한 스타일로 연주한다. … 그러다가 어느새 전에 들어본 적도, 생각한 적도, 연습하거나 연주한 적도 없는 음악을 만들어낸다. 그들의 연주는 완전히 즉흥적이다."[86]

헝가리 출신 심리학자 미하이 칙센트미하이는 몰입의 심리학적 개념을 발견하고 이름을 붙인 인물이다. 120편이 넘는 글과 베스트셀러 『몰입』을 비롯한 다수의 책을 썼다. 그는 『와이어드』와의 인터뷰에서 몰입을 이렇게 설명했다.

몰입flow이란 활동 그 자체에 완전히 열중하는 것이다. 이때 자아는 사라지고 시간은 쏜살같이 지나간다. 모든 행동, 움직임, 생각은 마치 재즈를 즉흥 연주할 때처럼 이전 것에 필연적으로 뒤따른다. 자신의 온몸과 온 정신을 기울여 기량을 최대로 활용한다.[87]

## 몰입의 8가지 특성

몰입은 어디에서나 가능하다. 특정 조건이 충족되면 누구나 언제 어디서든 몰입을 경험할 수 있다. 몰입을 경험할 때 다음과 같은 여덟 가지 특성이 나타난다.

1. 완전한 몰두
2. 극도의 집중
3. 시간 팽창
4. 사라지는 자기의식
5. 최상의 수행력
6. 뇌파 변화
7. 통달(洞達) 시간 축소
8. 다량의 신경 화학 물질 분비

이 가운데 익숙하게 느껴지는 항목이 있는가? RAS 필터를 이 여덟 가지 특성에 고정하자 이러한 몰입의 특성이 모든 곳에서 보이기 시작했다.

브래들리 쿠퍼와 로버트 드니로 주연의 영화《리미트리스》(Limitless)가 있다. 알약 하나로 우리의 인지 기능을 100퍼센트 사용하게 만들어 두뇌의 잠재력을 근본적으로 깨울 수 있음을 전제로 한다. 영화는 브래들리 쿠퍼가 연기한 주인공 에디 모라가 책 원고를 완성하지 못하는 장면으로 시작한다. 그는 미래가 없는 패배자다. 그러던 중 그가 NZT-48이라는 약을 우연히 손에 넣으면서 모든 상황이 바뀐다. 이 약이 그의 인지 능력을 향상시킨다.

약이 패턴 인식을 활성화하고 생산성을 높이고 완벽한 회상을 일으키므로 에디는 금융계 정상에 올라 자신을 이용해 돈을 벌려 하는 거물 칼 밴 룬(로버트 드니로)의 관심을 끈다. 하지만 약의 부작용으로 일이 좋게 끝나지는 않는다.

마지막 장면에서 에디는 성공을 암시한다. 그는 부를 유지하고 책을 출간하며 미국 상원의원에 출마한다. 그리고 칼은 마지막으로 에디를 찾아와 깜짝 놀랄 소식을 전한다. 칼은 NZT-48을 생산하던 회사를 합병하고 에디의 연구소를 폐쇄한다. 에디가 대통령 자리에 오르는 것을 막을 수 없지만, 그가 NZT-48에 의존하는 것이 분명했으므로 칼은 에디에게 자기 꼭두각시로 일하도록 협박한다. 에디는 이 협박을 무시하고 칼에게 자신이 완벽한 약을 개발했으며 아무런 부작용 없이 능력을 유지하면서 약을 끊었다고 말한다.

이 영화의 클라이맥스는 몰입의 여덟 가지 특성을 모두 보여준다. 그 짧은 장면이 몰입의 특성을 완전히 새로운 방식으로 각인시킬 것이다. 그 3분짜리 영상을 보려면 '리미트리스 결말'End of Limitless을 검색하거나 아래 사례 연구를 읽어보라.

## 1. 완전한 몰두

영화의 마지막 장면은 에디가 먼 곳을 응시하는 모습으로 마친다.

그는 과거나 미래를 생각하지 않는다. 현재에 완전히 몰두해 있다. 우리가 '깊은 현재'$^{Deep\ Now}$라고 부르는 이곳은 행동과 인식이 하나로 합쳐지는 공간이다. 신체적으로는 멈춰 있지만 그의 잠재의식은 빠르게 돌아간다. 에디는 수평 사고에 몰두해 있고 이 온전한 몰두가 다음 장면으로 이어진다.

## 2. 극도의 집중

에디는 칼과 대화를 나눈다. 그는 미래를 위협하고 과거를 비난하는 칼의 말에 현혹되지 않는다. 에디는 현재 당면한 문제에 날카롭게 집중해 칼 밑에서 일하기를 거부한다.

## 3. 시간 팽창

칼이 등장하는 장면에서, 에디의 시점으로 시간이 느려진다. 사건이 실제로 벌어지기 몇 초 전에 그 사건이 전개되는 장면이 보인다. 그는 일시적으로 전두엽 기능 저하$^{transient\ hypofrontality}$를 경험하고 있으므로 의식적 처리 과정을 무의식적 처리 과정으로 전환한다. 일시적 전두엽 기능 저하는 몰입 상태에서 흔히 겪는 증상이다. 이 용어는 다음 세 부분으로 나누어 이해할 수 있다.

- transient = 일시적
- hypo = hyper(과도함을 나타내는 접두사)의 반대 의미
- frontality = 뇌의 위치

에디의 미래 예측은 고속 패턴 인식의 결과다. 그는 심지어 이 능력을 인정한다. "전 모든 게 보여요, 칼. 당신 같은 사람들보다 50수 앞서죠."

## 4. 사라지는 자기의식

에디는 완벽에 가까운 의사결정을 이어나간다. 칼에게 다가서서 그의 가슴을 붙잡아보더니 심장 상태가 좋지 않다고 경고한다. 에디는 번잡한 길가에서 마주한 비정상적인 언쟁에 휘말려도 자신만만하며 솔직하다.

## 5. 최상의 수행력

에디는 칼에게 투표하라는 말을 던지며 언쟁을 끝낸다. 그러고는 재빨리 이 열띤 대화에서 주의를 돌려 친구의 질문에 답한다. 에디는 자연스럽게 점심 약속을 떠올리고 중국 음식점으로 걸어 들어간다.

보통 사람이었다면 칼과의 감정 대립으로 생산성이 저하되었을 것이다. 하지만 에디는 데이트 상대에게 늦어 미안하다고 진심 어린 사과까지 전하며 생산적인 활동을 이어간다.

## 6. 뇌파 변화

에디는 각각의 고유한 뇌파에 따라 4단계로 나뉘는 몰입 사이클의 대표적인 징후를 보인다.

- 분투struggle 단계. 에디는 칼과의 대립이 임박했음을 느낀다(베타파).

- 완화release 단계. 당면한 문제에서 잠시 벗어나 공상에 빠진다(알파파).
- 몰입flow 단계. 초인적인 수평 사고 및 패턴 인식 능력을 보인다(세타파/감마파).
- 회복recovery 단계. 자리에 앉아 환상적인 중국 음식을 즐긴다(델타파).

## 7. 통달 시간 축소

에디는 외국어를 아주 짧은 시간에 통달해 데이트 상대를 놀라게 한다. 중국말로 바닷가재를 주문할 줄 알고 종업원에게 웃기는 농담을 던질 만큼 문화까지 꿰고 있다.

## 8. 다량의 신경 화학 물질 분비

영화에서 신경 화학 물질의 이름이 언급되지 않지만 그 효과를 확인할 수 있다.


몰입에 대해 전혀 알지 못한다면, 이런 영화를 그저 SF 오락물 정도로 치부하기 쉽다. 어쨌든《리미트리스》의 에디는 NZT-48이라는 허구의 약 때문에 몰입의 모든 특성을 경험한 것이니까.

이 영화는 인간이 뇌의 10퍼센트밖에 사용하지 못한다는 믿음을 전제로 한다. 약이 뇌의 90퍼센트를 깨워 에디의 능력이 갑자기 월등해졌다고 보았다. 여성들을 유혹하고 기록적인 시간 안에 소설을 완성하고 주식 시장을 휘어잡으며 다양한 방면에서 초인적인 위업을 이룬다.

물론 이 영화에는 문제점이 있다. 알약을 삼긴 결과로 몰입이 나타났다고 묘사했는데 여기에는 별 개연성이 없다. 슬프게도 많은 제약회사가 이러한 전제를 이용해 돈을 벌었다. NZT-48을 인터넷에서 검색하면 과학자의 글이 아니라 상품 판매 페이지가 나타난다. 이러한 결점에도《리미트리스》와 여러 할리우드 영화는 몰입의 이점을 과학적 사실에서 차용한다.

## 154명을 살린 몰입 경험

몰입은 때때로 놀랄 만큼 특별한 장소에서 일어난다. 전직 조종사 체슬리 '설리' 설렌버거 Chesley 'Sully' Sullenberger는 저서 『설리, 허드슨강의 기적』(Highest Duty)에서 날개 길이가 180센티미터에 달하며 각각 무게가 4~8킬로그램인 캐나다 기러기 떼가 비행기와 부딪치자 마치 커다란 우박이 쏟아지는 듯한 소리가 났다고 설명한다. 잠시 후 그는 모든 조종사가 두려워하는 사고가 발생했음을 느꼈다. 끔찍한 조류 충돌 때문에 양쪽 엔진이 모두 고장 난 것이다.

비행기는 추진력을 잃었고, 지구상에서 인구밀도가 매우 높은 도시 중 하나인 뉴욕 상공에서 낮은 속도와 낮은 고도로 비행하는 상황이었다. 엄청난 위기 한가운데 놓여 있다는 사실을 깨달았다. 그 순간 삶은 그에게 즉각적인 대응을 요구했다. 154명의 탑승객은 설리 기장이 취한 대응이 옳은 선택이기를 기도했다. 그 추운 1월에 비행기 조종석에서 몰입이 필요했을 거로는 아무도 생각하지 못했다.

설리 기장은 CBS 뉴스 앵커 케이티 쿠릭 Katie Couric과의 인터뷰에서 자신의 몰입 경험을 다음과 같이 요약했다. "저는 42년 동안 은행에 교육과 훈련이라는 경험을 조금씩 정기적으로 저축해왔어요. 그리고 잔액이 충분했으므로 1월 15일에 아주 큰 금액을 인출할 수 있었죠."[88]

어떤 이들은 2009년 1월 15일에 발생한 이 사건을 우연히 얻어진 결과나 순전히 운이 작용한 예로 치부한다. 그들은 실제로 이 사건을 '허드슨강의 기적'이라고 불렀다.

　솔직히 말해 나는 기적을 믿는다. 기적에 관한 글을 읽어왔고 몇 차례 경험하기도 했다. 하지만 그날의 사건은 기적이 아니었다. 설리 기장은 오히려 몰입 덕분에 항공 역사상 가장 성공적인 불시착이라고 불린 일을 해냈다. 자세히 들여다보면 설리가 허드슨강에 성공적으로 비상 착륙한 과정에서 몰입의 여덟 가지 특성을 쉽게 찾을 수 있다.

# 수행력 최대화하기

에디와 설리는 몰입 덕분에 최상의 수행력을 달성했다. 몰입에 앞선 두 사례의 공통분모를 발견했는가?

바로 분투였다. 22일 차에서 몰입 사이클의 4단계(분투 ➡ 완화 ➡ 몰입 ➡ 회복)를 더 자세히 알아보겠다. 지금은 관점을 바꾸어 당신의 수행력을 최대화할 차례다. 고통 없이는 보상이 없고, 분투 없이는 이익을 거둘 수 없음을 명심하라.

분투하기를 적으로 여긴다면 거기에만 집중할 것이다. 하지만 분투를 몰입 상태로 들어가기 위한 준비 단계로 여긴다면, 당신의 '이익'에 관심을 돌릴 수 있다. 이런 의미에서, 당신이 현재 분투하고 있음에 감사하는 이유 다섯 가지를 나열하라. 오늘 과제는 매우 간단하지만 효과는 엄청날 것이다.

내가 분투하고 있다는 사실에 감사하는 다섯 가지 이유:

1. _____

2. _____

3. _____

4. _____

5. _____

**21일**

# 자신

## 자기비판 멈추기

자신만의 목소리를 찾기 위해 투쟁해야 한다.
늦게 시작할수록 찾기가 더 힘들기 때문이다.

**존 키팅, 영화 《죽은 시인의 사회》에서**


다음 문장 중에 자신을 잘 설명하는 문장은 몇 개인가?


1. 나는 스스로 자기 앞길을 막곤 한다.

2. 나는 나 자신을 최악으로 대한다.

3. 나는 스스로 비판할 때가 많다.

4. 나는 자기 한계를 두는 게 자연스럽다.

5. 나는 내 능력이 의심스럽다.

6. 나는 자신이 대단하다고 생각하지 않는다.

7. 나는 약점을 모두 안다.

8. 나는 장점을 파악하기 어렵다.

9. 나는 아무것도 제대로 끝낸 적이 없다.

10. 나는 완벽하지 않은 것을 내놓고 싶지 않다.

당신도 이 중에 하나 이상의 문장으로 자신을 해킹한 적이 있을 것이다. 이 불건전하고 비생산적인 순환을 '해킹 공격'이라고 한다. 어떻게 하면 스스로 자기 앞길을 막는 일을 그만둘 수 있을까? 영화《죽은 시인의 사회》에서 그 답을 얻을 수 있다.[89]

## 실패할 기회 허용하기

에단 호크가 연기한 토드 앤더슨은 해킹당한 사람이 보이는 대표적인 징후를 드러낸다. 대사를 하나씩 살펴보며 해킹 과정을 분석해보자. 이 과정에서 로빈 윌리엄스가 연기한 존 키팅 선생이 어떻게 해킹 공격에서 토드를 빼내 몰입 상태로 들어가도록 도왔는지도 알아보자. 이 사례는 해킹 공격을 이겨내고 몰입을 경험하는 방법을 제시한다.

키팅: 앤더슨 군, 고뇌에 찬 얼굴로 앉아 있군. 토드, 앞으로 나와라. 네 문제를 해결해보자꾸나.

몰입 상태로 들어가려면 '도전'을 받아야 하는데, 반 친구들 앞에 서서 시를 낭송하라는 키팅 선생의 지시를 받았을 때 토드는 바로 그 도전을 받았다.

토드: 저는 시를 안 써봤어요.

우리 중 많은 사람처럼 토드는 분투에 저항했다. 토드는 게임에 뛰어들어 놀림거리가 되기보다 의자에 그대로 앉아 있기로 했다. 하지만 '실패할 기회'를 피해 계속 도망치는 한 '몰입할 기회'에서도 멀어진다.

키팅: 앤더슨 군은 자신의 내면에 있는 것이 모두 가치 없고 부끄럽다고 생각하는구나. 안 그러니, 토드? 그게 너의 가장 큰 두려움이지? 음, 난 네가 틀렸다고 생각한다. 내 생각에 너의 내면에는 대단히 가치 있는 무언가가 있어.
[키팅은 칠판으로 걸어가 무언가를 쓰기 시작한다.]

학생들을 해킹에서 벗어나게 하는 데 수업은 도움이 되지 않는다는 사실을 키팅은 알고 있었다. 토드가 몰입을 경험하려면 상당한 양의 예측 불가성이 필요했다. 우리는 이것을 몰입 트리거 trigger라고 부른다 (25일 차에서 아홉 개의 몰입 트리거를 알아볼 것이다).

키팅: "나는 세상 꼭대기 너머로 야성의 포효를 지른다." 이번에도 휘트먼 아저씨가 한 말이란다. 여기서 포효란 큰 울부짖음이나 외침이지. 자, 토드, 네가 그런 야성의 포효를 우리한테 보여주면 좋겠다. 이리 와. 앉아서는 포효할 수 없어. 자, 어서 일어서.
[토드는 마지못해 일어서서 키팅을 따라 앞으로 간다.]

키팅은 토드를 압박하고 싶었지만 그를 무너뜨리려 하지는 않았다. 도전이 너무 약하면 토드는 지루해서 그만둘 것이고, 도전이 너무 세면 토드는 불안해서 멈출 것이다.

키팅: 포효하는 자세를 취해보렴.

키팅은 계속 명확한 목표를 불어넣으며 토드를 밀어붙였다. 그는 토드가 즉석에서 시를 읊기를 원했다.

토드: 얍?

키팅: 아니, 그냥 포효가 아니야. 야성의 포효지.

토드: (작은 목소리로) 얍!

키팅: 자, 더 크게.

토드: (작은 목소리로) 얍!

키팅: 아니야, 그건 쥐나 내는 소리지. 자, 더 크게.

토드: 얍!

키팅: 좋아, 사나이답게 소리 질러!

토드: (소리 지르며) 얍!

키팅: 그렇지. 거봐, 네 안에도 야성이 있잖아.

[토드는 자리로 돌아가려 하지만 키팅이 못 가게 막는다.]

키팅은 토드에게 반복해서 피드백을 주었다. 실망스러운 세 번의 포효가 이어진 후 키팅은 마침내 토드에게 시를 읊게 했다.

키팅: 그렇게 쉽게 빠져나가면 안 되지.

[키팅은 토드를 돌려세워 벽에 걸려 있는 사진을 가리킨다.]

키팅: 저 위에 휘트먼 아저씨의 사진이 있어. 저 사진을 보면 뭐가 떠오르니?

생각하지 말고 대답해. 어서.

[키팅은 토드 주위를 돌기 시작한다.]

토드: 미…친 사람이요.

키팅: 어떤 미친 사람? 생각하지 말고 그냥 대답해.

토드: 정신 나간 미친 사람이요.

키팅: 오, 점점 나아지고 있어. 마음을 열고 상상력을 발휘해. 머릿속에 가장 먼저 떠오르는 것을 얘기해. 말도 안 되는 소리라도 괜찮아. 자, 어서.

키팅이 내린 지시에 주목하라. "마음을 열고 상상력을 발휘해. 머릿속에 가장 먼저 떠오르는 것을 얘기해. 말도 안 되는 소리라도 괜찮아." 이러한 지시는 모두 토드가 자기 내면의 비판을 잠재우도록 돕기 위한 것이었다.

토드: 음, 땀에 젖어 이를 드러낸 미친 남자.

키팅: 그렇지, 좋아. 네 안에도 시인의 기질이 있다는 거야. 자, 이제 눈을 감아라. 눈을 감아. 눈을 감고, 이제 뭐가 보이는지 말해봐.

[키팅은 두 손을 토드의 눈 위에 올리고, 두 사람은 천천히 돌기 시작한다.]

키팅은 "완벽한 아이디어 구조 요소"를 이루는 '이력 열거하기'를 활용해 다른 학생 앞에서 토드를 칭찬했다. 그런 다음 긴급성, 주체 의식, 에너지와 같은 집중력 필터를 사용했다. 그는 토드에게 눈을 감으라고 세 번 말했다. 토드를 돌려세우고 그의 시야를 차단해 현재 수행 중인 과제에 집중하게 했다.

토드: 어, 누…눈을 감는다.

키팅: 그리고?

토드: 어, 그리고 그의 모습이 내 옆으로 다가온다.

키팅: 땀에 젖어 이를 드러낸 미친 남자가?

토드: 땀에 젖어 이를 드러낸 미친 남자가 내 뇌를 노려본다.

키팅: 오, 훌륭해. 이제 그를 움직이게 해. 그에게 뭔가를 시켜보렴.

토드: 그… 그가 손을 뻗어 내 목을 조른다.

키팅: 바로 그거야. 멋져, 아주 멋져.

[키팅은 토드에게서 손을 떼었으나 토드는 여전히 눈을 감고 있다.]

키팅은 피드백을 주며 계속 시도하게 했다.

토드: 그리고 계속 중얼거린다.

키팅: 뭐라고 중얼거리지?

토드: 어… "진실. 진실은 발을 항상 시리게 하는 이불과 같다."

[학생들이 웃기 시작하고 토드는 눈을 뜬다. 키팅은 재빨리 토드에게 다시 눈을 감으라고 손짓한다.]

학생들의 웃음소리에 토드는 몰입에서 깰 뻔했다. 다행히 키팅이 이를 알아채고 그의 눈을 다시 가렸다. 이러한 집중 기술로 그는 몰입을 유지하고 자기 내면의 비판을 잠재울 수 있었다.

키팅: 신경 쓰지 마라. 무시해. 이불에 집중해라. 그 이불에 대해 말해보렴.

키팅은 토드의 패턴 인식과 수평 사고를 관찰했다. 토드가 연결을 계속 이어가도록 지시했다.

> 토드: 미… 밀고 잡아 늘여도 부족하다. 발로 차고 때려봤자 누구도 덮지 못한다. 울면서 태어난 순간부터 죽어서 떠나는 순간까지 당신이 통곡하고 울부짖고 비명을 지르는 동안에도 겨우 얼굴만 덮을 것이다.
> [토드는 눈을 뜬다. 교실이 조용하다. 잠시 후 학생들이 박수치며 환호한다.]
> 키팅: (토드에게 속삭이며)이 순간을 잊지 말거라.

토드와 키팅은 이 몰입 상태에 도움을 준 신경 화학 물질의 효과를 직접 확인했다. 토드는 분명히 새로운 단계에 도달했다. 그는 통달하기까지의 거리를 좁히고 최상의 인간 수행력을 경험했으며 자기비판의 목소리가 마침내 조용해지는 효과를 느꼈다. 반 학생들은 자기 능력을 최대로 발휘하고 최고의 자아를 느끼며 새로운 수준의 생산성을 달성한 친구를 응원했다.

# 자기비판 멈추기

이제 당신의 시를 써볼 차례다. 자기 인생에 커다란 장애물을 가져다놓는 사람들에게 던지는 키팅의 조언을 기억하라.

> 음, 내 생각에 넌 틀렸어. 난 네 안에 대단히 가치 있는 무언가가 있다고 생각해.

## 이제, 당신의 시를 써라

이것은 당신의 의식을 사용하는 훈련이 아니다. 오히려 전두엽 피질의 작동을 멈춰라. 말이 되게 쓰려 하지 말고 완벽할 필요도 없다. 일단, 종이에 펜을 올리거나 손가락을 키보드에 올려라. 계속 쓰거나 타이핑해보라.

시의 주제는 당신의 '이익'이다. 이 시점에서 당신이 '이익'을 어떻게 생각하는지 써라.

## 나의 시

나는 눈을 감는다. 그러자 어떤 장면이 내 옆으로 다가온다. …

**22일**

# 순환

## 몰입 주기 분석하기

가장 훌륭한 모습으로 성장하고 싶다면
놀이를 일로 만들지 말고 일을 놀이로 만들어야 한다.
**스티븐 코틀러**

2016년 봄, 나는 친구 데이비드와 함께 오하이오에서 플로리다로 날아갔다. 둘 다 개인의 성장과 비즈니스에 열심이었지만, 어떤 콘퍼런스에 함께 참석한 적은 없었다. 각자 원하는 콘퍼런스를 찾아 들어왔지만, 이번에는 달랐다. 우리는 함께 배우고 성장할 생각이었다. 적어도 그럴 계획이었다.

팜비치로 향하는 비행기에서 우리는 가까이 앉아 사업과 관련해 몇 가지 빠진 부분을 계획했다. 노트북을 열고 메모를 작성했다. 우리는 무엇을 해야 할지 알았지만 도저히 시간이 나지 않았다. 둘 다 각자 5명의 가족을 부양하고 있었기에 다섯 가지 중요한 교육 과정 촬영이 예정되어 있었음에도 도무지 시간을 낼 수가 없었다.

우리는 호텔에 체크인한 다음 콘퍼런스 장소로 향했다. 기대했던 분위기와는 많이 달랐지만, 마음을 열고 등록 과정 내내 긍정적으로 임했다.

드디어 개회식이 시작되었다. 나는 한 시간 이어진 쿵쿵거리는 음악 소리와 어색한 막춤 시간, 조잡한 농담, 진행자의 저속한 말투 그리고 스포츠 브래지어를 입고 춤추는 옆자리 여자를 더는 견딜 수 없었다. 이 콘퍼런스는 분명히 내 '이익'에 부합하지 않았다. 물론 곳곳에서 지혜가 튀어나올 수도 있겠지만 분위기가 너무 어수선해 어떤 것도 들어오지 않았다. 그래도 몇 시간 더 버텨보기로 했다.

저녁 식사가 끝난 뒤 나는 두 손을 들고 호텔 방으로 돌아가 내 '이익'을 위한 일을 했다. '묘약 프로젝트'는 아직 미완성 상태였고 또다시 해킹을 당할 수는 없었다.

다음 날 데이비드는 콘퍼런스에 한 번만 더 가보길 원했다. 그는 행사장으로 향했고 나는 호텔 방에 머물며 글을 썼다. 편집자와 계약 이후 내 '이익'에 기한을 정하고 벌칙에 서명했으므로 글 진도를 많이 나가야 했다. 나는 그날 이 책의 여러 장을 써 내려갔다.

얼마 안 있어 데이비드는 낙담한 표정으로 돌아왔다.

"얻을 게 없어! 더는 못 나가겠어."

나는 노트북을 닫고 창밖을 내다봤다. 심란해졌다. 우리는 비행기와 호텔을 예약하고 며칠간 업무에서 떠나야 했으며, 시간과 돈을 꽤 투자했다. 우리 계획은 해킹당한 게 분명했다.

유리창 밖을 내다보던 중 두어 건물 아래에서 바다와 야자수가 멀리 내려다보이는 높은 주차 타워를 발견했다. 새 아이디어가 뇌리를 스치고 지나갔다. 결국, 우리가 계획한 다섯 가지 교육 과정을 바로 그 주차 타워 옥상에서 촬영할 수 있었다! 우리에게 제대로 된 장비는 없었지만, 다행히 스마트폰이 충분한 역할을 했다. 조명, 마이크, 대본 같은 일반적인 소품은 없었지만 그보다 더 좋은 햇빛, 시간, 풍경이 있었다. 집에서의 모든 방해 요소에서 벗어나 새 도시에 와 있는 그때가 몰입 경험에 완벽한 기회였을지도 모른다.

나는 데이비드에게 이 아이디어를 실행하자고 설득했고 우리는 세 가지 집중력 필터를 명확히 했다.

1. 긴급성: 우리는 기한을 설정했다. 돌아가는 항공편은 며칠 뒤였고 동영상 40편을 촬영해야 했다.

2. 주체 의식: 입력 정보를 스스로 선택했다. 우리 목적에 부합하지 않는 콘퍼런스에 앉아 있기보다 당면한 목표에 도움이 되는 공간으로 탈바꿈시켰다.

3. 에너지: 주의를 다시 할당하고 업무에 집중하며 목표에 초점을 맞췄다. 호텔에 돌아와 쉬는 동안에는 프리랜서를 고용해 제작 중인 다섯 가지 상품의 로고를 만들었다.

## 몰입의 4단계 순환 프로세스

2016년 3월 주차 타워 옥상에서 보낸 4일은 몰입 사이클의 4단계를 모두 경험한 시간이었다. 몰입 단계를 어떻게 경험하게 되었는지 이야기하기 전에 각 단계의 정의와 특징을 먼저 설명하겠다. 독자들도 내 설명을 읽으면서 자기 삶을 돌아보고 몰입 사이클을 경험한 적 있는지 판단해보라.

하버드 의과대학 교수인 허버트 벤슨 박사에 따르면 몰입 사이클에는 네 단계가 있다.

### 1. 분투: 베타 뇌파

몰입 상태로 들어가려면 특정 수준의 스트레스를 마주해야 한다. 이것은 몰입을 위한 준비 단계다. 기한 또는 문제, 아니면 다른 종류의 딜레마에 직면할 것이다. 우리 몸과 뇌가 승패를 가를 매우 중요한 도전을 직접 느껴야 비로소 몰입이 시작된다.

> 스트레스는 변화에 대한 생리적 반응이다. … '유스트레스eustress'라고도 불리는 좋은 스트레스는 우리에게 활력을 불어넣고 노력해서 생산적인 일을 하도록 동기를 부여한다. 유스트레스는 엘리트 운동선수, 창의적인 예술가 등 큰 업적을 성취한 사람에게서 관찰할 수 있다. 예를 들어, 중요한 거래를 성사시켰거나 우수한 업무 평가를 받은 사람은 누구나 명확한 사고, 집중력, 창의적 통찰력과 같은 유스트레스의 이점을 누린다.[90]

### 2. 완화: 알파 뇌파

문제에 집중하는 일은 우리가 피해야 할 최악의 행동이다. 우리의 의식은 초당 40~200비트의 정보를 처리한다. 믿을 수 없을 정도로 느린 속도다. 하지만 우리 잠재의식은 초당 수십억 비트의 정보를 처리한다.

당면한 문제에서 잠시 벗어나야만 자신을 가로막는 정신적 장애물을 뛰어넘을 여유 공간이 생긴다. RAS 필터는 더 활발하게 작동하기 시작해 우리 문제를 해결할 준비를 끝낸다. 이 단계에서 성장을 위한 씨앗이 많이 뿌려진다.

### 3. 몰입: 세타 및 감마 뇌파

20일 차에 살펴본 설리의 비상 착륙과 21일 차, 《죽은 시인의 사회》에 나오는 토드의 시에서 이 단계를 확인할 수 있다. 이 단계에서 우리는 최고의 자아를 느끼고 능력을 최대치로 발휘하며 수평 사고와 패턴 인식, 완벽에 가까운 의사결정을 경험한다. 생산성이 500퍼센트 향상되고 유레카 모멘트eureka moment(번뜩이는 깨달음의 순간—옮긴이)와 비슷한 감마 극파gamma spike를 얻는다.

### 4. 회복: 델타 뇌파

뛰어난 성과를 내는 사람들 대부분이 건너뛰려고 하는 단계다. 초인적인 능력을 발휘하다가 평범한 상태에 적응하기는 쉽지 않다. 그래서 많은 운동선수가 과도하게 훈련하다가 시간이 지남에 따라 부진을 겪는다. 우리는 회복의 시간까지 염두에 두어야 한다. 적절한 음식 및 수분 섭취, 수면, 햇빛 노출까지 고려한 시간이다.

### 회복 단계를 놓치지 마라

일단 몰입의 네 단계를 이해하면 우리 삶에서 몰입을 발견하기가 훨씬 쉬워진다. 마음의 눈인 RAS가 지닌 힘이다. 돌이켜보면 나와 데이비드는 몰입에 유리한 환경을 이렇게 만들었다.

## 1. 분투

비행기를 타고 오면서 나와 데이비드는 사업상 어려움을 미리 파악했다. 우리는 무엇을 해야 하는지 알았지만, 그 일을 할 시간이나 공간이 없었다. 내 '이익'과 같은 선상에 있다면, 능력을 최대한 발휘하도록 의도적으로 스스로를 압박한다. 압박이 너무 약하면 지루해지며, 너무 강하면 무너진다. 나는 보통 마감기한에 의존한다. 몰입을 경험하기 위한 좋은 기폭제다.

## 2. 완화

데이비드는 콘퍼런스 행사장으로 돌아갔다. 나는 그날 아침 격렬한 운동을 한 뒤 '묘약 프로젝트' 원고를 써 내려가기 시작했다. 해변을 달리면서 논의 내용은 잠시 잊었다.

나는 운동할 때나 샤워 직후 큰 진전을 이룬다. 물론 문제를 해결하기 위해 일부러 운동이나 샤워를 하지는 않는다. 보통 잠재의식이 작동하도록 두면 향상된 창의력을 경험하는 듯하다.

## 3. 몰입

나와 데이비드는 며칠 동안 40편이 넘는 동영상을 제작했다. 스무디 가게까지 1.6킬로미터를 걸어가며 전체 동영상을 각각의 묶음으로 쪼갰다. 다음 동영상 묶음은 생각하지 않으면서 운동, 대화, 수분 보충에 집중했다. 내 경우는 창작 활동을 할 때 때때로 같은 노래를 수십 번 연속으로 반복해서 듣는다. 항상 그렇지는 않지만, 보통은 가사 없는 노래를 선호한다.

## 4. 회복

단연코 내가 가장 힘들어하는 단계다. 4일에 걸친 촬영을 끝낸 뒤 데이비드는 팜비치의 리조트 더 브레이커스<sup>The Breakers</sup>까지 산책하자고 했다. 우리는 바다의 장관을 바라보면서 근사한 점심 식사를 즐겼다. 이 식사로 우리의 몰입 사이클이 마무리되었다.

경력 초기에는 이 단계를 건너뛰려고 했다. 왠지 비생산적으로 느껴졌다. 더 많은 몰입 경험 기회를 놓치고 있었다는 사실을 깨닫기까지는 꽤 오랜 시간이 걸렸다. 하루 일정에 회복 시간을 포함한 이후에는 훨씬 더 많은 몰입을 경험한다.

# 몰입 주기 분석하기

몰입을 느꼈던 때를 돌이켜보라. 마이크로 몰입(일상적으로 수행하는 사소하고 단순한 활동으로 경험하는 몰입—옮긴이)을 경험했을 수도 있고, 매크로 몰입(복잡하고 구조화된 활동을 통해 경험하는 몰입—옮긴이)을 경험했을 수도 있다.

각 단계를 경험한 이야기를 자유롭게 써보라. 성과나 지속 시간 등의 품질을 판단하지 않고 마음 가는 대로 생각을 써 내려가는 것을 뜻한다. 몰입의 규모나 지속 시간은 중요하지 않다. 몰입을 언제 경험하고 어떻게 경험하는지와 같은, 몰입을 둘러싼 인식을 키우는 것이 목적이다.

1. **분투.** 유스트레스(좋은 스트레스)를 느꼈던 때를 묘사해보라.
2. **완화.** 문제를 잠시 잊고 싶을 때 당신은 주로 무엇을 하는가? 잠깐씩 미디어로 도피하는 일이 아니라, 자신을 자유롭게 놓아주기 위해 하는 일을 말한다.
3. **몰입.** 몰입 상태, 즉 자기 능력을 최대로 발휘하고 최고의 자아를 느끼는 최상의 상태에 있었던 때를 묘사해보라.
4. **회복.** 휴식을 취하며 평소 상태로 되돌아가기 위해 무엇을 하는가?

# 통달

## 신경 가소성 활용하기

어려서부터 아버지는 그 주에 무엇을 실패했는지 묻곤 하셨다.
아무 대답도 하지 못하면 아버지는 실망하셨다.
실패란 결과가 아니라 시도하지 않는 거라는 아버지의 가르침이
어릴 때부터 내 사고방식을 바꿔놓았다.
**사라 블레이클리**

"우리 뇌는 생후 몇 년이 지나면 발달을 멈춘다." 과거에 과학자들은 그렇게 믿었다. 다행히도 신경 가소성에 관한 최근 연구는 이 믿음이 잘못되었음을 보여준다.

신경 가소성은 인간의 두뇌가 평생 환경, 행동, 사고, 감정의 영향을 받아 물리적으로나 기능적으로 자신을 재조직하는 능력을 포괄적으로 이르는 용어다. 신경 가소성의 개념은 새롭게 등장한 것이 아니며, 1800년대에 이미 '순응적malleable 두뇌'가 처음으로 거론되기 시작했다. 그러나 비교적 최근 들어서 기능적 자기 공명 영상fMRI으로 두뇌를 시각적으로 '볼' 수 있게 되면서 과학계는 의심할 여지 없이 뇌가 지닌 이 놀라운 변형 기능을 인정했다.[91]

우리가 무언가를 배우거나 새로운 경험을 할 때 신경 회로는 뇌를 변화시킨다. 뉴런은 시냅스라는 접합 부위를 통해 의사소통하는데, 시냅스가 반복적으로 노출되면 특정 회로가 계속 활성화되고 이 회로의 시냅스 연결이 강해질수록 두뇌의 회로는 더욱 견고하게 재배치된다.

신경 가소성은 중립적이어서 우리에게 유리하게 작용하거나 불리하게 작용할 수도 있다. 그리고 상황에 따라 노예가 되거나 주인이 되는 조건을 형성할 수 있다. 이 두 조건의 차이를 알아보자.

### 중독 ➡ 노예

중독된 사람의 뇌 사진은 그렇지 않은 사람과 다르다. 새 연구 결과에 따르면 포르노에 중독된 사람의 뇌는 알코올이나 약물 중독자의 뇌와 비슷한 방식으로 작동한다.[92]

케임브리지 대학교에서는 자신이 포르노를 지나치게 많이 본다고 말하는 사람들을 대상으로 연구를 진행했다. 과학자들은 그들에게 외설적인 자료를 보여주면 그들 뇌의 일부가 '밝게 빛난다'라는 사실을 발견했다. 이는 다른 유형의 중독자에게서 관찰된 뇌 활동과 같았다.

이처럼 모든 유형의 중독은 우리 뇌를 재배치한다. 중독은 신경 화학 물질을 변화시키고 몰입을 방해해 우리를 해킹한다. 중독은 분명히 신경 가소성의 부정적인 측면이다. 하지만 좋은 소식도 있다. 신경 가소성은 우리 뇌를 긍정적인 방식으로도 재배치할 수 있다.

### 몰입 상태 ➡ 주인

영화《매트릭스》의 몇몇 장면에서 주인공 네오는 오늘날 자동 학습으로 알려진 과정을 경험한다. 네오는 뇌로 다운로드된 컴퓨터 프로그램을 통해 무술을 비롯한 기술적인 활동을 짧은 시간에 통달한다.

유사한 일이 우리에게도 일어날 수 있다. 몰입 덕분에 신경 경로를 새로 생성하고 강화할 수 있다. 신경 가소성을 이용하면 기술을 통달하고 기술의 주인이 되는 데 걸리는 시간을 줄일 수 있다.

미국 국방부 산하 고등연구계획국DARPA의 연구진은 경두개 자극 transcranial stimulation을 이용해 인위적으로 몰입을 유도했을 때 저격수의 표적 획득 능력이 230퍼센트 향상했다는 사실을 알아냈다. 이와 비슷한 비군사적 연구 사례를 들면 캘리포니아주 칼즈배드에 있는 어드밴스트 브레인 모니터링Advanced Brain Monitoring의 연구진은 인위적으로 몰입 상태를 유도하는 경우 초보 저격수를 전문가 수준까지 훈련하는 데 걸리는 시간이 50퍼센트 줄어든다는 사실을 밝혀냈다.[93]

이러한 연구 결과는 흥미롭게 들린다. 하지만 우리 중 저격수가 되거나 경두개 자극술을 받을 수 있는 사람은 많지 않다. 그렇다면 기술 통달에 걸리는 시간을 줄이고 싶은 사람들은 어떻게 해야 할까? 평범한 우리를 위한 해결책은 무엇일까?

## 나를 위한 신경 가소성 활용

리더십 개발 분야를 보자. 통념에 따르면 리더는 타고나는 것이지 만들어지는 것이 아니다. 하지만 '뉴로리더십'neuroleadership에서는 본래 훌륭한 군인을 기르기 위해 고안된 두뇌 훈련 기술을 적용해 이 고정관념을 바꾸는 것을 목표로 한다. 뉴로리더십은 재능이 부족한 비즈니스 리더는 더 나은 리더로, 좋은 리더는 훌륭한 리더가 되도록 돕는다.

두뇌의 신경 가소성이 이를 가능하게 한다. 그렇지 않다면 우리는 모두 한 가지 직업에 갇혀 새 분야로 진입할 수 없을 것이다.

우리는 신경 가소성의 수혜자다. 나에게는 경영학이나 마케팅 관련 학위가 없다. 사실 이 두 분야와 관련해 어떠한 수업도 들은 적이 없다. 경제학과 브랜드 작업에는 소질이 없었다. 나는 사업 경험이 전혀 없었음에도 다른 분야를 배우기로 했고, 그것도 짧은 시간에 그 분야에 적응했다. 몇 년 후 나는 비즈니스 서적을 썼고 브라이언 트레이시와 같은 전설적인 인물과 함께 비즈니스 콘퍼런스에 강연자로 초청받았다.

소설 작가가 되는 일도 같은 과정을 거쳐 이루어졌다. 12년 동안 글을 써온 뒤 논픽션에서 픽션으로 넘어가야 할 이유는 별로 없었지만 나는 그렇게 했다. 이것은 나만의 사례가 아니다.

몰입은 어디에나 있다는 사실을 기억하라. 특정 조건이 충족되면 누구나 어디서든 몰입을 경험할 수 있다. 우리는 모두 몰입을 경험하고 긍정적인 신경 가소성의 이점을 이용해 적응 시간을 줄일 수 있다.

# 신경 가소성 활용하기

이제 당신이 새 기술을 통달할 때다. 당신의 무기고에 어떤 기술을 추가하고 싶은가? 목록을 만들어보라. 어떤 능력을 갖춰야 당신의 '이익'에 더 가까이 다가갈 수 있을지 나열해보라.

　나는 의도적인 몰입 실행으로 비즈니스, 마케팅, 소설 쓰기라는 목표를 달성하고자 박차를 가했다. 내 경험상 '무엇을'이라는 질문이 '어떻게'라는 질문보다 항상 더 어려웠다. 우선 현재 당신의 신경 가소성을 평가하는 것부터 시작해 통달로 향하는 과정을 시작하라.

1. 당신이 중독되어 있는 활동이나 대상은 무엇인가? 이러한 중독이 당신을 해킹하고 더 높은 수준의 몰입에 도달하지 못하도록 방해한다는 사실을 이해하는가?

2. 신경 가소성의 긍정적 측면을 경험하고 두뇌 회로를 재배치해 당신의 '이익'을 성취하고 싶은가? 어떤 기술 또는 능력을 통달하고 싶은지 나열해보라.

3. 여기서 가장 먼저 필요한 기술 또는 능력을 꼽아라.




몰입 단계의 나머지 장(章)에서는 최상의 인간 수행, 특히 아홉 가지 몰입 트리거를 통해 적응 시간을 줄이도록 도와줄 것이다.

**24일**

# 신경 화학 물질
## 몰입으로 슈퍼맨 되기

사람들은 몰입 상태에서 자연스럽게 느낄 수 있는 기분을
인위적으로 얻으려고 하면서, 그야말로 자신을 죽이고 있다.
**스티븐 코틀러**

우리는 자연스러운 생명 작용이 의도한 대로 몰입의 이점
을 경험할 수도 있고 몰입보다 낮은 수준의 경험을 불러일으키는 대체
물에 안주할 수도 있다.

노르에피네프린, 도파민, 엔도르핀, 아난다미드, 세로토닌은 내인성
內因性 물질로 우리 몸 안에서 자연적으로 생성된다. 이러한 신경 화학
물질은 몰입 상태에서 분비되며 문제를 전혀 일으키지 않는다. 실제로
우리는 몰입 상태에 있을 때 신경 화학 물질이 한데 섞이는 '칵테일' 효
과를 부작용 없이 경험한다.

많은 사람이 이용하는 인기 약물은 몰입과 비슷하지만, 효과가 훨씬
떨어지는 경험을 모방하려는 무책임한 시도에 불과하다. 각각의 인공

대체물은 신경 화학 물질의 농도를 낮출 뿐만 아니라, 심각한 결과를 가져온다. 각각의 약물이 어떤 방식으로 신경 화학 물질의 이점을 복제하는지 확인해보자.

| 몰입 시 생성 물질 | 이점 | 인공 대체물 |
|---|---|---|
| 노르에피네프린 | 심장박동 수 증가, 감정 조절 능력 향상, 주의력 향상 | 속도 |
| 도파민 | 초인적 집중력, 패턴 인식, 기술 능력 향상 | 코카인 |
| 엔도르핀 | 고통 완화 | 헤로인 옥시콘틴 |
| 아난다미드 | 수평 사고 강화, 대조되는 아이디어 연결 | 마리화나 |
| 세로토닌 | 통증 억제 | 항우울제 |

스티븐 코틀러는 그의 책 『슈퍼맨의 부상』(The Rise of Superman)에서 최근 몰입 관련 약물 사용이 급증한 현상에 관해 이렇게 설명한다.

미국 인구의 22퍼센트 이상이 불법 약물을 소지하고 있다. 열 명 중 한 명은 항우울제를 복용하며 아이들의 26퍼센트는 각성제를 복용한다. … 의사가 처방한 약은 어떨까? 의사 처방 약물에 의한 부작용은 교통사고를 뛰어넘어 사망 원인 1위(질병 제외)가 되었다. 이 모두를 더하면 1조 달러에 달해 공중보

건 위기를 불러올 수준이다. … 다시 말해 미국인들은 몰입 상태에서 자연스럽게 느낄 수 있는 기분을 인위적으로 얻으려고 하면서, 그야말로 자신을 죽이고 있다. 물론, 이러한 약물의 완벽한 내인성 조합인 '몰입'을 경험하는 사람들 역시 꾸준히 늘고 있다. 몰입은 희망 없는 약물 도취와 달리 인간 삶을 곁길로 내몰지 않으며 오히려 활력을 불어넣는다. 몰입은 가능성의 증가를 의미한다. 드보어는 이렇게 끝맺는다. "나는 몰입이 인류 진화의 다음 단계를 나타낸다고 생각한다."

코틀러의 말에는 동의하지만, 진화에 관한 드보어의 발언은 조금 수정하고 싶다. 우리에게는 언제나 몰입할 능력이 있었지만, 그 주변을 둘러싼 껍데기를 이제 막 벗겨내기 시작한 셈이다. 인류는 신경 화학물질을 일과 놀이에서 자신에게 유리한 방식으로 최대한 활용하는 방법을 알아가는 중이다.

이러한 사실은 스포츠만 봐도 알 수 있다. 오늘날 올림픽 경기는 이전 세대와 비교했을 때 상당한 차이를 보인다. MTV 뉴스에서 유튜브에 게시한 1분짜리 동영상으로 그 차이를 쉽게 알 수 있다. 1950년대와 2016년 경기를 나란히 비교해 보여주는 〈체조의 발전〉(Gymnastics Have Changed for the Better)〉이라는 제목의 동영상을 보면 두 개의 다른 종이 경쟁한다고 생각할지도 모른다.[94]

이와 같은 흐름은 올림픽에만 국한되지 않는다. 어느 스포츠든 그 발전 과정을 추적해보면 극적인 변화를 발견할 수 있다. 서핑의 역사는 1,000년이 넘고, 25년 전 서핑에 성공한 가장 높은 파도는 8미터였으나 현재 기록은 무려 24미터에 이른다.[95] 스노보드도 비슷한 변화를 겨었다. 1992년 스노보드 점프 기록은 12미터였으나 현재는 57미터로 4배가 넘는 수준까지 뛰어올랐다.

우리는 신체적으로 혹은 신경생물학적으로 진화한다. 몰입 상태에서 분비되는 신경 화학 물질은 이 변화를 불러오는 촉매제다.

## 몰입 경험에는 분투가 필요하다

현대의 편리함과 사고방식은 사람이 몰입을 경험하지 못하도록 막고 있다. 미국 대학체육협회NCAA 수석 코치 톰 라이언은 이렇게 경고한다. "21세기의 삶은 대부분 안락함을 위해 설계되어 있다. 주위를 둘러보라. 비행기 좌석, 스포츠 경기 입장권, 심지어 휴대폰 요금을 비롯한 모든 것에는 등급이 있다. 그런데 이 안락함을 위해 우리는 어떤 대가를 치른 것일까?"[96]

답은 간단하다. 안락함을 얻은 대가는 신경 화학 물질이다. 분투하지 않고는 몰입을 경험할 수 없다. 나는 살면서 화학 물질이 필요하다면 도전해야 한다는 사실을 받아들였다. 극한에 맞서는 탐험가 마이크 혼Mike Horn도 이 사실에 동의한다. "우리는 일이 조금 힘겨워지는 순간 뒤로 물러난다. 하지만 나는 바로 그 순간에 일에 뛰어들기를 즐긴다."[97]

잠시 당신의 '이익'을 생각해보라. 다음과 같은 몰입의 이점이 '이익'을 성취하는 데 어떤 도움이 될까?

- 심장박동 수 증가, 감정 조절 능력 향상, 주의력 향상
- 초인적 집중력, 패턴 인식, 기술 향상 능력

- 수평 사고 강화

- 비교되는 아이디어 연결 능력

- 통증이 있음에도 불편함을 견디며 일에 집중할 수 있는 능력

이 다섯 가지 신경 화학 물질은 우리가 '이익'을 성취하도록 돕기 위해 하늘이 내린 선물일지도 모른다.

# 몰입으로 슈퍼맨 되기

몰입에 관해 이야기만 하지 말고, 지금 바로 몰입을 경험해보자. 몰입은 생각만 하고 넘어가거나 스포츠처럼 구경만 하면 그만이 아니다. 직접 느껴야 한다. 마이크로 몰입 상태로 들어갈 준비가 되었다면 다음 6단계를 따라 해보자.

1. 방해되는 전자기기를 모두 끈다(땡, 삐, 윙 소리를 내는 것은 모조리 꺼라).
2. 이어폰을 끼고 소리를 높인다.
3. 5분 동안 완전히 집중할 수 있도록 준비한다.
4. 유튜브에 들어가서 〈드디어 잠들다-토성〉(Sleeping At Last-Saturn)이라는 동영상을 전체 화면으로 재생한다.[98]
5. 아무것도 하지 말고 동영상을 본다.
6. 동영상을 보며 음악을 듣는 동안 마음을 자유롭게 놓아준다.

음악이 끝난 뒤 마음속에 떠오르는 생각을 아래 여백에 모두 적어보라. 조용한 상태에서 써도 좋고 동영상을 재생해 음악을 다시 들으면서 써도 좋다. 음악을 더 길게 듣고 싶으면 다운로드해서 반복 재생하라.

## 마이크로 몰입 시간

**25일**

# 트리거

## 몰입 과정을 역설계하라

행복한 사람은 현재에 너무 만족해
미래에 지나치게 얽매이지 않는다.
**알베르트 아인슈타인**

수 세기 동안 전사들은 전쟁터에서 거둔 초인적인 승리를
신이 주신 선물이라고 말했다. 작가들은 책 집필에 커다란 진전을 이
룬 것은 뮤즈가 찾아왔기 때문이라고 말한다. 수십 년 전에만 해도 우
리는 몰입을 이해하지 못했기에 필요에 따라 몰입을 이끌어내는 방법
을 몰랐다.

신경과학의 발전 덕분에 오늘날에는 몰입을 이끄는 데 도움이 되는
조건을 더 잘 인식하게 되었다. 그 결과 해킹 불가한 사람들은 이러한
트리거를 활용해 몰입 과정을 역설계한다.

신경과학자들은 이런 몰입 트리거를 저마다 다른 이름으로 부른다.
어떤 과학자는 몇 가지 항목만 나열하는 반면 어떤 과학자는 각 항목

을 작은 범주로 쪼개 더 큰 목록을 만든다.

　나는 내적 몰입 트리거 5개와 외적 몰입 트리거 4개를 발견했다. 이 항목들을 하나하나 살펴보면 몰입 트리거의 역할을 이해하고, 더 중요하게는 몰입을 중심으로 삶을 조직하는 데 도움이 될 것이다(몇 가지 항목은 '아이디어'와 '집중' 요소에서 이미 다루었다).

## 내적 몰입 트리거 다섯 가지

### 1. 깊은 현재

　-성공하려면 여러 일을 번갈아 하지 말고 시간과 공간을 하나의 일에만 집중해야 한다.

　과거에 연연하거나 미래를 걱정하면 몰입을 이룰 수 없다. 몰입을 경험하려면 현재에 완전히 빠져들어야 한다. 전문가들은 이를 '깊은 현재'Deep Now 혹은 '연장된 현재'Elongated Now라고 부른다. 요컨대 성공하려면 여러 일을 번갈아서 하지 말고 시간과 공간을 하나의 일에만 집중해야 한다. 스위치태스킹을 멀리하고 해리 현상에 주의하라. 분투를 향해 나아가라. 급성적 고통을 받아들이고 현재가 주는 선물을 누려라.

### 2. 정해진 기한

　-기한을 놓치면 어떤 대가를 치러야 하는지 확인하라.

　앞에서도 말했듯 기한 없는 욕망은 그저 몽상에 불과하다. 하지만 기한으로는 충분하지 않다. 목적지가 있다고 동기가 생기는 것은 아니다. 긴급성은 우리가 전력을 다해 움직이도록 만든다. 기한을 놓친 대가를 치러야 한다는 사실은 엄청난 동기를 부여한다.

### 3. 진정한 주인의식
－참여는 필수이며 나는 결과에 중요한 영향을 미치고 있다.

자기 일이 별로 중요하지 않다고 믿으면 이미 몰입에서 멀어진 상태다. 나는 참여해야 한다는 압박을 매일 즐긴다. 압박을 받으면 결과에 영향을 미칠 수 있다는 사실을 안다.

몇 년 전 아들이 농구를 시작했는데 경기가 끝난 뒤 낙담했다. 왜 그러냐고 물었다. 아무도 공을 패스해주지 않아서였다. 아들 말이 맞았다. 경기 내내 아들은 공을 받지 못했다. 하지만 나는 이유를 알았다.

"아들아, 그건 네가 팀원들에게 공을 원하지 않는다고 말했기 때문이야."

"무슨 말씀이세요? 경기 내내 저는 아무 말도 안 했는 걸요."

"하지만 네가 몸짓으로 모두에게 공을 주지 말라고 말했잖아."

아들은 슛에 실패하고 싶지 않아 공을 받기 두려웠다고 인정했다. 한마디도 안 했지만 참여하고 싶지 않은 마음을 몸짓으로 발산했고 다른 선수들은 아들이 내는 마음의 소리를 크고 분명하게 들었다.

그날 이후 아들이 몸짓을 바꾸자 믿을 수 없을 정도로 결과가 바뀌었다. 지금도 팀의 중요한 자산으로 종종 경기 결과에 영향을 주는 핵심 플레이를 펼친다.

## 4. 현실적 위험

-실패에는 개인적 비용이 따른다.

위험은 상대적이다. 모두가 죽음을 무릅쓴 곡예를 하지는 않는다. 많은 외과 의사가 매일 몰입을 느낀다.《죽은 시인의 사회》에서 토드 앤더슨은 반 친구들 앞에 서서 시를 읊었을 때 몰입을 느꼈다. 나는 책을 쓰고 리더들을 이끌면서 몰입을 경험한다.

공통분모는 간단하다. 실패에는 비용이 따른다. 토드는 친구들의 비웃음을 무릅썼다. 외과 의사는 환자의 건강을 지키지 못할 수 있는 위험을 무릅쓴다. 나는 독자와의 관계가 어긋날 위험을 무릅쓴다.

예전에 알던 한 노인은 "비용이 별로 들지 않으면 별 가치가 없다"라고 말했다. 우리 잠재의식은 직관적으로 이 말이 사실임을 안다.

## 5. 넉넉한 보상

-자기 목적적 경험에는 목적이 내재되어 있다.

『몰입』의 저자 미하이 칙센트미하이는 내적으로 동기를 얻는 사람은 '자기 목적적'으로 살아간다고 표현했다. 이 말은 "목적이 따로 있지 않고 그 안에 자체적으로 있다"라는 의미다.[99]

이 단어는 '자신'을 뜻하는 '아우토스'αὐτός(autos) 와 목적을 뜻하는 '텔로스'τέλος(telos) 가 합쳐진 그리스어 '아우토텔레스'αὐτοτελής(autoteles) 에서 유래한다. 이러한 자기 결정성은 안락함, 돈, 권력, 명성이 행동의 이유가 되는 외적 동기 부여와 매우 다르다.

올림픽 선수, 토드의 시, 윙슈트<sup>wingsuit</sup>(활강용 낙하산 강하복 —옮긴이)를 입고 산에서 뛰어내리는 사람들을 생각해보라. 어떤 의미에서 그들은 몰입을 통해 자기 목적적인 경험을 한다. 솟구치는 신경 화학 물질 덕분에 올림픽 선수는 계속 경쟁하고, 토드는 시를 읊으며, 윙슈트 선수는 활공한다. 하지만 그들이 몰입을 기반으로 하는 활동을 계속한다면 결국 올림픽 선수는 금메달을, 토드는 박수를, 윙슈트 선수는 후원자를 얻는다.

그러니 다른 의미에서 그들은 외적 목표 또한 가지고 있다. 물론 몰입 경험은 내적 목표지만 마찬가지로 우리를 이끌어 중요한 외적 목표로 향하게 한다. 둘 중 하나가 없으면 무의미하고 두 목표는 서로 의존한다. '이익 순환'<sup>Boon Circle</sup> 도표를 통해 이를 쉽게 이해할 수 있다.

## 외적 몰입 트리거 네 가지

### 1. 명확한 목표

-명확한 목표란 커다란 승리와 결합한 커다란 이유를 말한다.

몰입은 혼란을 좋아하지 않는다. 앞에서도 말했듯 커다란 승리를 얻으려면 커다란 이유를 명확히 댈 수 있어야 한다.

케네디의 목표는 명확했다. 10년 안에 사람을 달에 착륙시키는 것. 그의 연설은 이 뜻을 충분히 명확하게 밝혔다.

> 세계의 눈이 우주와 달, 그 너머의 행성들을 향하고 있습니다. … 이 일은 60년대가 끝나기 전에 이루어질 것입니다. 저는 이 대학이 미국의 위대한 국가적 노력의 일환으로 사람을 달에 보내는 일에 기여하고 있음을 기쁘게 생각합니다.
>
> 우주가 바로 저기에 있습니다. 우리는 우주에 오를 것입니다. 달과 행성들이 바로 저기에 있습니다. 그리고 지식과 평화에 대한 새 희망이 저기에 있습니다. 그러니 돛을 달고 인류 역사상 가장 위험하고 위대한 모험을 떠나며 신의 가호를 구합니다.[100]

하지만 케네디는 명확한 목표만으로는 충분하지 않다는 사실을 알았다. 커다란 승리를 원한다면 커다란 이유가 필요했다. 그는 연설에서 다시 한번 이 뜻을 분명히 했다.

> 우리는 우주를 대량살상 무기가 아닌 지식과 이해를 넓히는 도구로 채울 것입니다.
>
> 이 맹세는 이 나라에 살아가는 우리가 앞장서야만 지킬 수 있습니다. … 과학과 산업을 선도하는 우리 역할을 다하고 평화와 안보를 향한 희망을 지키며 자신과 다른 인류에 대한 의무를 이행하려면, 인류 전체의 이익을 위해 우주의 미스터리를 해결하고 세계 최고의 우주여행국이 되어야 합니다.
>
> 우리는 새 지식을 얻고 새 권리를 획득할 수 있으므로 이 새 바다로 출항했

습니다. 반드시 승리해야 하고 모든 사람의 발전을 위해 우리 힘을 사용해야 합니다. 핵 과학 등의 기술을 포함한 우주 과학은 그 자체로 옳고 그름을 가릴 수 없습니다. 우주 과학이 선을 위한 힘이 될지, 악을 위한 힘이 될지는 인류에 달려 있으며, 미국이 발군의 위치를 차지해야만 합니다. 이 새로운 바다가 평화의 바다가 될지 새로운 무시무시한 전쟁터가 될지 우리가 결정할 수 있습니다.

존 케네디가 제시한 커다란 이유로 40만 명으로 구성된 팀이 '우주 경주'(냉전 당시 미국과 소비에트 연방이 우주 개발을 놓고 벌인 경쟁 ─ 옮긴이)에서 승리를 거두었고, 승리를 가속화했다. 팀원들은 불가능한 일을 성취하도록 돕는 몰입 상태를 자주 경험했다.

## 2. 예측 불가성
− 신경 가소성은 새로운 경로를 만드는 데 따라오는 부산물이다.

앞에서 알아보았듯 새로운 것을 배우거나 새 경험을 할 때 신경 회로는 뇌를 변화시킨다. 뉴런은 시냅스라는 특별한 접합 부위를 통해 서로 의사소통한다. 시냅스가 반복적으로 노출되면 특정 회로가 계속 활성화된다. 이 회로의 시냅스 연결이 강해질수록 우리 두뇌 회로는 더욱 견고하게 재배치된다.
'함께 활성화되는 뉴런은 함께 연결된다.'
신경 가소성은 중립적이어서 우리에게 유리하게 작용할 수도 있고 불리하게 작용할 수도 있다. 상황에 따라 노예가 되거나 주인이 되는 조건을 만들 수도 있다. 우리는 몰입 덕분에 새로운 신경 경로를 생성하고 강화할 수 있다. 신경 가소성을 이용하면 기술 통달에 걸리는 시간을 줄일 수 있다.

### 3. 피드백 순환 고리
–진실을 말하는 사람은 몰입을 빨리 경험한다.

어떤 측면에서 보면 몰입은 팀이 이뤄낸 결과다. 물론, 뇌 속을 흐르는 신경 화학 물질의 수혜자는 자기 자신이다. 하지만 몰입을 경험하고 유지하려면 데이터를 제공하고 경로를 수정하게 해주는 피드백 순환 고리가 필요하다.

토드에게는 키팅 선생이, 올림픽 선수들에게는 코치가, 나에게는 편집자 줄리가 있었다.

### 4. 과제와 능력의 균형
–완벽한 균형을 이루면 완벽히 빠져든다.

"세계에서 가장 강인한 운동선수는 62세의 이 여성이다." 2011년에 등장한 이 말은 틀림없는 사실처럼 들렸다. 또 누가 제정신으로 쿠바에서 플로리다까지 177킬로미터를 헤엄쳐 건너려고 시도하겠는가? 장거리 수영 선수 다이애나 니아드Diana Nyad는 예상대로 목표에 미치지 못했다. 대부분 사람이라면 네 번째 시도에 실패한 다음 영원히 그만뒀을 것이다. 하지만 니아드는 그만두지 않았다.

그녀는 거의 반평생 전인 1978년에 처음 시도했다. 당시 상어에게서 몸을 보호하기 위해 6×12미터짜리 철망 안에서 거의 42시간 수영했다. 강한 서풍과 2.5미터 높이의 너울이 철망에 부딪혔다. 그녀는 122킬로미터를 헤엄쳤지만 경로가 똑바르지 않았다. 그녀의 체중은 수영 시작 이틀도 안 되어 13킬로그램이나 빠졌고, 결국 의사들은 그녀를 멈추게 했다.

『뉴욕 데일리 뉴스』에 따르면 "이 이루기 힘든 꿈은 그녀의 마음속에서 희미해졌지만, 완전히 사라지지는 않았다. 니아드는 60세가 되자 지구에서 살아갈 시간이 얼마 남지 않았다는 생각이 들기 시작했고, 부정적인 생각으로 이미 낭비해버린 세월에 대해 자신을 용서할 수 없었다. … 그녀는 60대가 지나기 전에 20대에 끝내지 못한 이 불가능해 보이는 여정을 정복하겠다고 다짐했다".[101]

2013년 니아드는 다섯 번째로 횡단을 시도했다. 보호 철망 없이 쿠바에서 플로리다까지 177킬로미터를 헤엄치는 동안 이번에도 그만둘 만한 온갖 상황을 직면했다. 그녀는 53시간을 헤엄친 끝에 2013년 9월 2일, 64세의 나이로 자신의 궁극적 '이익'을 이루었다.[102]

아래 도표를 보라. 모든 것은 인지하기에 달려 있다. 세로축은 자신이 인지하는 과제의 난이도를 나타낸다. 과제 난이도가 높고 실력이 너무 낮으면 불안함을 느낀다. 하지만 실력이 높고 과제 난이도가 너무 낮으면 지루해진다.

우리는 몰입 채널flow channel이라 불리는 경지에 도달하길 원한다. 몰입 채널에서는 튕겨나가지 않으면서 팽팽하게 당기는 힘의 완벽한 균형이 존재한다.

## 칙센트미하이의 몰입 모델

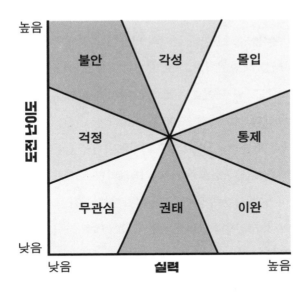

다이애나 니아드는 바로 이 상태를 경험했다. 그녀는 네 번이나 몰입 채널에 도달했지만 매번 실력이 부족해 가로막혔다.

그녀는 몰입 상태에 들어갔지만, 도전이 너무 어려워 결국 멈춰야 했다. 다섯 번째이자 마지막 도전에서 그녀의 실력은 몰입 상태를 유지했고 '이익'을 성취할 정도로 향상되었다.

# 몰입 과정을 역설계하라

인생에서 얼마나 많은 부분이 몰입을 중심으로 조직되어 있는가? 아래 질문에 답하라. 각 질문에서 자기 경험을 가장 잘 설명하는 답에 동그라미를 쳐라.

## 몰입 트리거 평가

**깊은 현재.** 나는 한 번에 하나의 작업에만 집중한다.

전혀 그렇지 않다 ㅣ 그렇지 않다 ㅣ 종종 그렇다 ㅣ 상당히 그렇다 ㅣ 항상 그렇다

**정해진 기한.** 나는 기한을 분명히 정한다.

전혀 그렇지 않다 ㅣ 그렇지 않다 ㅣ 종종 그렇다 ㅣ 상당히 그렇다 ㅣ 항상 그렇다

**진정한 주인의식.** 내가 결과에 영향을 미칠 수 있음을 안다.

전혀 그렇지 않다 ㅣ 그렇지 않다 ㅣ 종종 그렇다 ㅣ 상당히 그렇다 ㅣ 항상 그렇다

**현실적 위험.** 전념하는 일에 실패하면 개인적으로 비용을 지불해야 한다.

전혀 그렇지 않다 ㅣ 그렇지 않다 ㅣ 종종 그렇다 ㅣ 상당히 그렇다 ㅣ 항상 그렇다

**넉넉한 보상.** 나는 '이익' 성취로 이어지는 몰입 상태를 곧잘 경험한다.

전혀 그렇지 않다 ㅣ 그렇지 않다 ㅣ 종종 그렇다 ㅣ 상당히 그렇다 ㅣ 항상 그렇다

**명확한 목표.** 나에게는 커다란 승리를 해내야 하는 이유가 있다.

전혀 그렇지 않다 | 그렇지 않다 | 종종 그렇다 | 상당히 그렇다 | 항상 그렇다

**예측 불가성.** 나의 뇌는 많은 부분에서 신경 가소성을 경험한다.

전혀 그렇지 않다 | 그렇지 않다 | 종종 그렇다 | 상당히 그렇다 | 항상 그렇다

**피드백 순환 고리.** 내게는 진실을 말해주는 사람과 몰입 경험에 도움이 되는 데
이터가 있다.

전혀 그렇지 않다 | 그렇지 않다 | 종종 그렇다 | 상당히 그렇다 | 항상 그렇다

**도전과 능력의 균형.** 내 삶은 높은 도전 난이도와 높은 실력으로 완벽한 균형을
이룬다.

전혀 그렇지 않다 | 그렇지 않다 | 종종 그렇다 | 상당히 그렇다 | 항상 그렇다

## 몰입 트리거 점수

위 질문 중 다섯 가지 범주에 해당하는 개수를 각각 세어 아래 빈칸에 적어라.

전혀 그렇지 않다. _____ × (1) =

좀처럼 그렇지 않다. _____ × (2) =

종종 그렇다. _____ × (3) =

거의 항상 그렇다. _____ × (4) =

항상 그렇다. _____ × (5) =

총점. _____

각 빈칸에 적은 개수를 괄호 안에 적힌 숫자와 각각 곱하라.

## 점수 해설

위에서 도출한 5개의 수를 모두 합하고, 아래 몰입 트리거 점수표를 참조하라.

- **1~9.** 나는 삶에서 몰입을 거의 경험하지 못한다. 내 능력을 제대로 발휘하지 못한다. 목표를 성취하는 경우가 드물고 만족감을 느끼지 못한다.
- **10~18.** 나는 몰입을 몇 차례 경험했다. 몰입을 경험했을 때 기분이 좋았지만, 내 삶에는 이를 규칙적으로 재현할 정도로 충분한 트리거가 없다.
- **19~27.** 나는 가끔 몰입을 경험한다. 내 삶에는 몰입 상태로 들어가도록 도와주는 몇 가지 트리거가 있다.
- **28~36.** 나는 자주 몰입을 경험한다. 몰입을 경험하지 않을 때보다 경험할 때가 확실히 더 많다. 내 삶에는 몰입 트리거가 충분하므로 최고의 자아를 느끼며 능력을 최대로 발휘하는 경우가 잦다.
- **37~45.** 내 삶은 몰입을 중심으로 조직되어 있다. 나는 매일 최상의 수행을 경험하며 능력을 최대로 발휘하고 최고의 자아를 느낀다.

## 나의 몰입 계획

나는 몰입을 더 많이 경험하기 위해 다음과 같은 명확하고 구체적인 행동을 취해 아홉 가지 몰입 트리거를 내 삶에 적용하겠다.

**26일**

# 평가

## 성장 평가하기

모두가 세상을 변화시키려고 생각하지만
정작 스스로 변하겠다고 생각하는 사람은 없다.
**레프 톨스토이, '세 가지 개선 방법'**

거의 마지막 단계에 도달했다. 이 책의 첫머리에서 나를 믿고 몰입 과정을 따라오길 권했다. 이 30일 과정이 전혀 생각지도 못한 방식으로 당신을 성장하게 하리라는 것을 알았다. 그동안 자신이 얼마나 성장했는지 알게 될 것이다.

꿈을 가로막는 유일한 제약은 다름 아닌 우리 마음속에 존재한다. 『묘약 프로젝트』에서 주인공 아리에드네는 '이익 의식'이 가까워오자 마음속에서 피어오르는 찌릿한 불안을 감지했다. 두려움과 용기가 한 사람을 감싸고 서로 지배권을 거머쥐려 싸웠다.

난 항상 용감해지고 싶었어. 용기가 드러나려면 궁지에 몰려야 했던 것 같아.

만일 온 세상이 귀를 기울일 때 내가 진실을 말한다면 혹시 알아? 내 안에 있는 겁먹은 소녀가 영원히 달아날지.

당신은 이제 마지막 단계에서 다룰 '이익 의식'을 마주할 예정이다. 용감해질 기회와 진실을 말할 순간이 주어질 것이다.

당신은 준비가 되었다. 지난 25일 동안 성장해왔다. 자신이 점점 강해지는 것을 느꼈다. 당신은 '이익'을 향해 숨 가쁘게 달려왔고, 다른 용감한 이들처럼 해킹당하지 않는 존재로 발전해왔다. 그들이 우리 팀에 보내온 메시지 몇 개를 소개하겠다.

정말 좋은 수업이었어요. 배운 원칙을 실천해 제 책의 원고를 30일 안에 썼어요. 제 인생의 모든 영역에서 전보다 훨씬 생산적으로 일하고 있답니다.

_크리스 매클루어

이제야 할 일 목록에 적어둔 것을 모두 처리했어요. 이리저리 떠돌던 항목 50~60개는 버렸어요. 몇 년 동안 해결하지 못한 문제도 있었어요. 이제 더는 그렇게 많은 일을 붙들고 있지 않아요. 전 이제 자유예요!

_로라 딜

우울증에 시달리며 지난 2년을 보낸 사람에게 '꽤 괜찮은' 수업이었습니다. 가장 큰 깨달음은 자신감에 관한 부분이었어요. 이 내용은 저를 변화시켰어요. 얼마나 감사하고 흥분되는지 몰라요.

_스티브 베이커

지난 주말 인터넷이 없는 조용한 곳으로 가서 몰입 상태에서 글을 쓰고 싶었어요. 그리고 바로 그렇게 했답니다. 시간 가는 줄도, 배고픈 줄도 몰랐어요. 너무 흥분해서 토요일 밤에 잠도 거의 못 잤어요. 신경 화학 물질이 행복하게 춤을 추었어요! 주말에 책 제안서와 서문 그리고 1장까지 끝냈답니다!

_테리 설리번트

자, 이제 당신 차례다.

자신의 성장을 스스로 평가해보라. 댄 설리번은 사람들에게 '간극'이 아니라 '이득'을 헤아리라고 조언한다. 잠시 멈춰 현재를 축하하지 않고 미래를 떠올리며 서두르기만 한다면 중요한 기회를 놓치고 말 것이다. 몰입은 깊은 현재에서 비롯한다는 사실을 기억하라. 이 순간에 집중하면 감사함이 따라온다.

# 성장 평가하기

UnhackableBook.com에 방문해 해킹 차단력 검사를 받아보라. 몇 가지 질문에 답하면서 개인 해킹 차단력 점수를 확인할 수 있다. 자세한 설명을 제공하는 개인 맞춤 보고서를 이메일로 보내줄 것이다.

보고서를 받으면 아래 빈칸에 당신의 해킹 차단력 점수를 적어라.

아이디어　　　＿＿＿＿＿＿＿＿

집중　　　　　＿＿＿＿＿＿＿＿

몰입　　　　　＿＿＿＿＿＿＿＿

결과　　　　　＿＿＿＿＿＿＿＿

보고서를 받으면, 이 책을 시작할 때 처음 받았던 검사 결과와 비교해보라.

## 해킹 차단력 검사

| 범주 | 1일차 | 26일차 |
|------|-------|--------|
| 아이디어 | | |
| 집중 | | |
| 몰입 | | |
| 성과 | | |

양쪽의 숫자를 보며 다음 질문에 답하라.

1. 서로 다른 검사 결과를 보고 어떤 생각이 드는가?
2. 지난 25일 동안 성장했다고 생각하는가? 어떻게 달라졌는가?
3. 지금까지 이 책에서 얻은 가장 큰 깨달음은 무엇인가?
4. 당신의 생각은 크고 작은 면에서 어떻게 달라졌는가?

# 5부

# 목표를 내면화하여
# 선순환 만들기

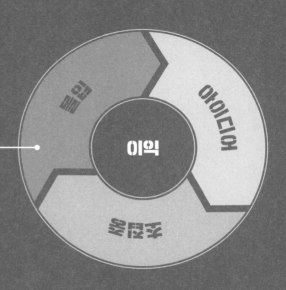

**27일**

# 명확성

## 이익 명확하게 하기

> 돈을 축적하겠다는 분명한 목적을 가지고 실용적인 행동 계획을 통해
> 체계적이며 지능적으로 조직하지 않는 한
> 지식은 돈을 끌어당기지 못한다.

**나폴레온 힐, 『생각하라 그리고 부자가 되어라』**

       다섯 번째이자 마지막 단계인 '이익 의식'의 첫째 날이다. 결승선이 보이더라도 끝까지 열심히 뛰어야 한다. 오늘은 가장 힘든 날이 될 수도 있다. 강한 정신력과 충만한 의지가 필요할 것이다.

  사람들은 어떤 내용을 들어서 익숙하니 이제 됐다고 안심한다. 우리는 새롭고 신선한 것을 찾아다니며, 깊이 알기보다 넓게 아는 것을 좋아하므로 표면 바로 아래 있는 진정한 보물을 자주 놓친다.

  '알다'라는 단어를 바라보는 관점에는 차이가 있다.


    고대 그리스인의 관점 = 나는 그것을 들었다.

    고대 히브리인의 관점 = 나는 그것을 겪었다.

우리는 완벽한 아이디어 구조, 의도적인 집중 유도, 최상의 실행법이라는 완전히 새로운 세계를 알았다. '해킹 차단력'을 통달하기까지는 배울 것이 아직 많이 남아 있다.

## 더 깊이 파고들 시간

오늘은 당신의 '이익'을 명확히 하는 시간이다. 이를 위해 이전에 수행한 일일 과제 중 몇 가지를 다시 돌아볼 것이다. 지금까지 학습한 내용을 조금 되짚어보고 체계화하면 28~30일 차가 훨씬 수월해진다.

나폴레온 힐은 『생각하라 그리고 부자가 되어라』에 이렇게 썼다. 다음 글을 여러 번 읽어보고 금 같은 지혜를 캐내라.

> 지식의 종류에는 일반 지식과 전문 지식이 있다. 일반 지식은 양이 아무리 많거나 다양하더라도 돈 축적에는 거의 쓸모가 없다.
>
> 가령, 대학 교수진은 사실상 세계에 알려진 대부분의 일반 지식을 갖고 있다. 하지만 교수들은 대부분 큰돈을 벌지 못한다. 그들은 지식을 가르치는 일을 전문으로 하지만, 지식 사용에는 전문가가 아니다. 돈을 축적하겠다는 분명한 목적으로 실용적인 행동 계획을 통해 체계적이며 지능적으로 조직하지 않는 한 지식은 돈을 끌어당기지 못한다.
>
> 이 사실에 대한 이해가 부족하므로 '아는 것이 힘'이라는 잘못된 믿음을 가진 수백만 명이 혼란을 겪어왔다. 지식은 결코 힘 자체가 아니다! 그 안에 힘이 잠재되어 있을 뿐이다. 지식은 분명한 행동 계획으로 체계화되고 분명한 목적을 띨 때만 힘을 발휘한다.
>
> 오늘날 전 세계 모든 교육 시스템은 학생들이 지식을 습득한 뒤 어떻게 활

용해야 하는지를 가르치지 않는다. 이것이 '빠진 고리'에 해당한다.

많은 사람은 헨리 포드가 학교를 제대로 다니지 않았다고 해서 학식이 높지 않다고 짐작한다. 그들은 '교육하다'educate라는 단어의 진짜 의미를 모르고 있다. 라틴어 'educo'에서 유래한 이 단어는 '끌어내다, 끄집어내다, 내면에 잠재한 무언가를 개발하다'라는 뜻을 지닌다. 학식 있는 사람이 꼭 풍부한 일반 지식 또는 전문 지식을 갖춘 사람이라는 의미는 아니다. 학식 있는 사람이란 자신의 마음속에 잠재하는 능력을 개발해 남의 권리를 침해하지 않고도 원하는 것을 얻어내는 사람이다.

거의 다 왔다. 각각의 정보를 어디서 찾아야 하는지 확인해보자.

## 이익 총정리

2일 차에는 자신의 '이익'을 골랐다. 아무도 자기 '이익'을 처음부터 완벽하게 알지는 못한다. 행동을 취할 때 명확성이 따라온다. 자신의 '이익'을 고르는 것은 안개 속을 헤치고 나오는 것과 같다. 욕망을 향해 앞으로 나아가야만 구름이 걷힌다.

이날 적었던 '이익'을 다시 적어보라.

5일 차에는 비용을 헤아렸다. 아이디어 실현에 진정으로 전념하는 것을 방해하는 두려움은 무엇인가?

이날 가지고 있던 두려움을 다시 적어보라.


지금도 여전히 두려운가? 그렇다면 혹은 그렇지 않다면 이유는 무엇인가? 이제 이 두려움을 어떻게 느끼는지 적어보라.


6일 차에는 약속을 주장했다. 커다란 승리를 얻으려면 그에 걸맞는 커다란 이유가 있어야 한다. 아이디어의 출처가 순전히 자기에게 있었다면 아마 도중에 포기하고 말았을 것이다. 하지만 아이디어가 자기에게 주어진 것이 아니라 자신을 통해 주어진 것임을 이해한다면 평안해진다. 우리가 할 일은 믿음을 유지하는 일이다.

이날 적었던 이유를 다시 적어보라.


10일 차에는 아이디어를 만들었다. 사람들은 구체적인 행동을 취하기 전에 명확한 것을 원한다. 하지만 명확성은 우리가 행동을 취할 때 따라오는 것일 뿐이다. 앞으로 나아가는 길은 처음부터 순탄하거나 확실하거나 명백하지 않다.

이날 최선을 다해 '이익 시트'를 만들었다. 그 내용을 다시 적어보라.

11일 차에는 이익 수표를 썼다. 물질은 동시에 두 곳에 존재할 수 있다. 그러므로 아이디어는 동시에 두 곳에 존재할 수 있다. 아이디어는 생각을 떠올리는 사람의 마음속에 나타난다. 그리고 동시에 우주 어딘가에도 존재한다.

이날 이익 수표를 썼다. 이 수표에 한 번 더 이서하라.

| | 지급일자 _____ |
|---|---|
| ○ 이익 수표 | |
| 받는 사람 _____ | ₩ _____ 원 |
| 메모 _____ | |

13일 차에는 기한을 설정했다. 기한 정하는 일은 장거리 자동차 여행의 목적지를 정하는 일처럼 중요하다. 목적지가 없으면 같은 곳을 맴돌게 된다. 하지만 기한만으로는 충분하지 않다. 목적지가 있다고 해서 동기가 생기는 것은 아니다. 전력을 다해 움직이게 만드는 것은 '긴급성'이다. 기한을 놓친 대가를 치러야 한다는 사실은 실행에 큰 동기를 부여한다.

이날 '이익 계약서'를 작성했다. 이 계약서를 다시 작성해보라.

21일 차에는 자기비판을 멈췄다. 당신은 다음 중 한 가지 이상의 말로 자신을 해킹한 적이 있을 것이다.

1. 나는 스스로 자기 앞길을 막곤 한다.
2. 나는 나 자신을 최악으로 대한다.
3. 나는 스스로 비판할 때가 많다.
4. 나는 자기 한계를 두는 게 자연스럽다.
5. 나는 내 능력이 의심스럽다.
6. 나는 자신이 대단하다고 생각하지 않는다.
7. 나는 약점을 모두 안다.
8. 나는 장점을 파악하기 어렵다.
9. 나는 아무것도 제대로 끝낸 적이 없다.
10. 나는 완벽하지 않은 것을 내놓고 싶지 않다.

이제 당신은 자신만의 길에서 벗어나 몰입 상태로 들어갈 때라는 것을 알았다. 이날 쓴 '이익 시'를 다시 써보라.

몰입의 완성

# 이익 명확하게 하기

'이익 총정리'를 통해 당신이 얼마나 멀리 왔는지 보라. 처음 시작할 때보다 지금 훨씬 더 많은 것을 알고 있다. 이제 자신의 '이익'을 훨씬 더 명확히 파악하고 있을 것이다.

이 명확성을 얻으려면 대가를 치러야 한다는 사실을 이해하지 못해 자신의 '이익'이 무엇인지도 모르는 사람이 많다. 명확성은 단순하지 않다. 명확성에는 위험이 따른다. 자신이 무엇을 원하는지 알고 나면 그보다 작은 목표에는 만족하지 못한다.

이 지점에 도달하면 이전으로 돌아갈 수 없다. 명확성으로 시작해 이익으로 끝나는 것에 주목하라. 이때 소득은 금전적 부 또는 관계적, 정신적, 신체적, 정서적 풍요의 측면에서 측정할 수 있다. 우리는 그 과정을 '깊은 길 보상'이라고 부른다.

## 깊은 길 보상

명확성 ➡ 능력 ➡ 자신감 ➡ 영향력 ➡ 파급력 ➡ 이익

이익 총정리를 마쳤으니 이제 '이익'을 명확히 할 차례다. 지금 당장 완벽하길 기대하지 말고 스티브 잡스의 말을 기억하라. "뒤를 돌아봐야만 비로소 '점'들을 연결할 수 있다."

깊은 생각에 잠기기 좋은 조용한 장소를 택하라. '이익'을 명확히 하는 데 도움이 되는 음악을 틀어도 좋다.

글을 쓰기 전에 적어도 1분 동안 눈을 감고 음악을 들어보라. 지금 이 순간, 당신의 이익에 대해 새로운 통찰과 인식이 생겼는가? 그 내용을 아래에 써라.

## 내 이익 명확하게 하기

**28일**

# 다듬기

## 정해진 대본에서 벗어나기

대본에서 곧잘 벗어나 편안하게 연설할 줄 안다는 것은
능력이 뛰어나다는 확실한 징표다.

**에이미 커디**

월트 휘트먼의 시를 인용한 키팅 선생은 토드 앤더슨을 교실 맨 앞으로 불러 세워 야성의 포효를 지르게 했다. 휘트먼의 시에서 발췌한 다음 글을 읽어보라.

나는 한가로이 내 영혼을 초대한다.

편안히 몸을 기대고 한가로이 여름 풀잎을 주시한다.

…

과거와 현재가 시든다. 나는 그것을 채우고 비웠다.

그리고 계속 그다음 미래의 책장을 채운다.

…

얼룩무늬 매가 갑자기 하강해 지나가며 나를 나무란다.

내가 수다스럽고 늦장을 부린다고 불평한다.

나 역시 조금도 길들여지지 않았다. 나도 너처럼 번역이 불가능하다.

나는 세상 꼭대기 너머로 야성의 포효를 지른다.

하루의 마지막 구름이 나를 위해 머무르더니

진실한 내 모습을 그늘진 황야에 내던진다.

안개와 황혼으로 나를 꾀어 넣는다.

나는 공기처럼 떠난다. 달아나는 태양을 향해 흰 머리털을 나부낀다.

소용돌이에 내 살을 흩뿌리고 들쭉날쭉한 레이스 조각을 날려 보낸다.

나는 사랑하는 초원에서 자랄 수 있도록 자신을 흙에게 남긴다.

나를 다시 원하거든 그대의 신발 밑창 아래서 나를 찾으라.

〈나 자신의 노래〉 중에서


휘트먼의 포효는 안에 있는 '우주cosmos'를 방출하는 행위라는 데 비평가들은 동의한다.[103] 대화의 맥락에서 우주는 그의 '이익'을 나타낸다. 우리가 흙으로 돌아가기 전, 폐에 공기가 남아 있는 동안에는 세상 꼭대기 너머로 야성의 포효를 내지를 기회가 있다.

29일에는 세상에 당신의 '이익'을 알릴 기회를 갖는다. 거칠고 불완전할 수 있지만, 바로 그런 것을 찾는다. 조지 패튼George Patton이 말했듯 "지금 적극 실천하는 괜찮은 계획이 다음 주에 실행하는 완벽한 계획보다 낫다."

핵심은 '불완전한' 행동이며, 대본에서 벗어난 행동을 뜻할 수도 있다. 누구도 우리에게 꿈이나 아이디어에 관한 대본을 건네지 않는다.

창조적인 과정은 가공되거나 말끔하게 정리되어 있지 않다. 하지만 이것이 탄생에 담긴 아름다움이자 신비다.

## 자기 대본을 따라가라

영화 《앙코르》(Walk The Line)에서 조니 캐시는 적어도 처음에는 대본을 충실히 따랐다.[104] 그는 음악에 열정이 있었지만 집집마다 방문해 (자신이 좋아하지 않는) 제품을 판매하는 일에 안주했다. 노력하긴 했지만 결과는 형편없었고, 결국 비참하게 실패했다.

마침내 그는 오디션 기회를 준 샘 필립스를 만났다. 오디션은 그에게 엄청난 기회였다. 하지만 그는 자기 노래를 부르는 대신 계획한 대본에서 벗어나지 않고 다른 가수의 노래를 불렀다. 다행히 샘이 노래를 중단시켰다.

샘: 전 안 팔리는 음반은 안 만들어요, 캐시. 그런 가스펠은 안 팔려요.

사람들은 진정성을 갈망한다. 우리는 어느 때보다 그 차이를 잘 구분한다. 거짓을 꾸며내는 사기꾼은 멀리서도 알아챌 수 있다.

조니: 가스펠이 문제예요? 아니면 제가 노래하는 방식이 문제예요?

나는 조니의 질문에 진심이 어려 있다고 생각한다. 우리는 억누르고 거짓으로 행동하는 데 익숙해져 자기 목소리를 잊어버리는 지경에 이른다.

샘: 둘 다요.

조니가 부른 곡과 노래하는 방식에 둘 다 조금씩 문제가 있었다. 둘 다 특별하지 않았고 감흥도 없었다.

조니: 제 노래는 뭐가 문제죠?

조니는 명확히 알고 싶었다. 그는 변화하고 싶었지만, 그러려면 설명뿐 아니라 행동도 필요하다.

샘: 믿음이 안 가요.

마치 총알이 가면을 찢고 지나간 듯 조니는 숨을 곳이 없었다. 자신이 '사기꾼'이었다는 사실이 들통난 것이다.

조니: 제가 신을 안 믿는 것 같다고요?

우리는 보통 거짓말을 들키면 진실을 감추려고 말을 돌리곤 한다. 화제를 바꾸거나 의심의 출처를 공격하기도 한다. 하지만 이러한 전략은 결코 삶을 변화시키지 못한다.

밴드 멤버: 조니, 그만하고 가자.
조니: 아니. 알고 싶어서 그래. 여기까지 와서 겨우 1분 연주했는데 나보고 신

을 안 믿는 것 같대.

조니는 거짓으로 행동하는 데 지쳐 있었다. 게다가 그의 인생에서 진실을 말해주는 사람이 여태껏 아무도 없었다. 그는 샘의 말을 더 듣고 싶었다.

샘: 내 말이 무슨 뜻인지 알 텐데요. 그런 노래는 수도 없이 들었어요. 그렇게 부르는 노래는요.

샘은 물러서지 않았다. 전선이 그어졌다. 이제 문제는 조니가 이길 것인가였다.

조니: 아직 제대로 못 들려줬어요.

조니는 피해자 사고방식으로 버텼다. 탓하고 변명하고 부정했다.

샘: 제대로요? 좋아요, 한번 해봐요. 트럭에 치여 도로 위에서 죽어가는데 노래 한 곡 부를 시간이 있다고 합시다. 죽기 전에 사람들이 당신을 기억할 노래, 당신 삶이 어땠는지 신에게 들려줄 노래, 당신을 표현할 그런 노래 말이에요. 당신이 부를 노래가 그런 노래인가요? 라디오에서 종일 들리는 지미 데이비스 노래요? 그 노래가 평화에 대한 당신의 진심이고 외침인가요?
아니면 다른 노래를 부를 수 있겠어요? 당신의 진심이 담긴 노래요. 분명히 말하는데, 사람들은 바로 그런 노래를 듣고 싶어 해요. 그런 노래가 진정으로

사람을 구하는 노래라고요.

신을 믿고 안 믿고는 상관없어요. 중요한 건 자신에 대한 믿음이에요.


샘은 조니의 머릿속에서 대본을 잡아 빼냈다. 조니에게 남은 유일한 선택지는 진심에서 우러나오는 노래를 부르는 것이었다.

조니: 공군에 있을 때 쓴 노래가 몇 곡 있어요. 혹시 공군에 안 좋은 감정 있어요?

샘: 없어요.

조니: 난 있어요.


조니는 지금껏 내내 참고 있었다. 자신만의 대본이 있었는데, 마음 깊숙한 곳에 숨겨온 것이었다. 수년 전에 썼지만, 지금까지는 원래 대본에서 벗어날 용기가 없었다.

밴드 멤버: 조니, 우리는 전혀 모르는 노랜대?


샘은 무슨 일이 일어날지 몰랐고, 밴드 멤버도 마찬가지였다. 그런데도 결과는 놀라웠다. 조니 밴드는 멜로디를 단박에 파악하고 그의 노래를 함께 연주했다. 그렇게 대본에서 벗어난 조니는 녹음 계약을 따내고 자신의 '이익'을 성취했다.

## 대본에서 벗어나기

나는 '대본'을 다음과 같이 정의한다.

- 맹목적인 순응의 상징
- 세상이 우리를 끼워 넣으려 하는 틀
- 타인이 정의한 창살로, 마음을 가두는 감옥

조니와 마찬가지로 나 역시 결정적인 순간을 겪었다. 그때마다 "대본을 따를 것인가 마음을 따를 것인가" 결정해야 했다.

- 사람들은 내게 대본을 따라 선교사로 살며 해외에서 일하라고 했다. 하지만 나는 선교가 내 소명이라는 생각이 들지 않아 임기 두 달을 마친 뒤로는 파푸아뉴기니로 돌아가지 않았다.
- 가족 중에 대학원에 진학한 사람은 없었지만, 나는 대본에서 벗어나 석사 학위를 취득했다.
- 친구들과 가족은 내게 세 명의 어린 자녀와 아내가 있으니 안정적인 직장을 떠나지 말라고 했다. 하지만 나는 대본에서 벗어나 내 열정을 좇아 꿈꾸는 일을 시작했다.
- 나는 어릴 적부터 비영리단체에서 경력을 쌓았다. 하지만 나는 대본에서 벗어나 목회를 그만두고 사업계로 들어갔다.
- 사람들은 출판 모델에는 자가 출판과 전통 출판, 둘밖에 없다고 했다. 하지만 나는 대본에서 벗어나 제3의 출판 모델을 기반으로 한 출판사를 직접 차렸다(AuthorAcademyElite.com). 우리는 산업을 혼란에 빠뜨렸다.

- 동료들은 내게 대본을 따라 논픽션 책을 계속 쓰라고 조언했다. 하지만 나는 가까운 미래를 배경으로 한 청소년 스릴러 소설을 한 편 써냈다.
- 비관적인 사람들은 내가 소설책으로는 콘퍼런스를 열지 못한다고 말했다. 하지만 나는 대본에서 벗어나 해킹 불가한 존재가 되는 법을 주제로 '이그나이팅 솔즈'[Igniting Souls] 콘퍼런스를 개최했다.
- 의심하는 사람들은 소설책을 바탕으로 교육 과정을 만드는 일은 불가능하다고 말했다. 하지만 우리는 ElixirProjectExperience.com을 만들었고 수천 명의 사람에게 영향력을 끼쳤다.

나는 대본에서 벗어난 것을 후회한 적이 없다. 해킹 불가한 존재가 되고 내 '이익'을 성취하는 것은 자연스러운 길이다. 그렇다고 두렵지 않은 것은 아니다. 하지만 두려움을 무릅쓸 만한 가치가 있다.

# 정해진 대본에서 벗어나기

당신을 대본대로 살아가게 하려는 비판과 의심의 목소리가 항상 따라다닐 것이다. 때때로 사랑하는 사람의 입에서 가장 강력한 반대가 나오기도 한다. 그들은 좋은 뜻으로 말하고, 우리가 상처받는 모습을 보고 싶어 하지 않는다. 하지만 때로는 대본에서 벗어나봐야 한다.

결국, 우리의 선택이고 자기 삶이다. 사람들이 원하는 대본과 당신이 써야 하는 대본 중 어떤 것을 우선으로 써 내려갈지 결정해야 한다.

이번 과제가 당신의 결정적 순간이 될 것이다. 아래에 당신의 '이익'을 다듬어보라. 전 세계에 공유할 '이익 연설'이라고 생각하라.

시작하는 데 도움이 되도록 샘 필립의 권고를 수정해보았다.

> 당신이 교통사고를 당해 도로 위에서 죽어가는데 메시지를 전할 시간이 유일하게 주어졌다고 합시다. 죽기 전에 당신이 누구인지 표현할 기회가 한 번 주어졌다면 어떤 말을 하겠습니까? 당신이 진심으로 느끼는 것을 말하겠습니까? 사람들은 바로 그런 말을 듣고 싶어 합니다.

## 나의 이익 연설

**29일**

# 전달

## 이익 공유하기

매일을 인생의 마지막 날이라고 생각하며 살라.
언젠가 당신이 옳은 날이 올 것이다.
**무하마드 알리**

대다수가 듣고 싶어 하지 않는 진실이 있다. 평생을 이 진실에서 도망치며 보내고 있을 정도다.

바로 당신은, 나는 죽는다는 것이다.

우리 중 누구도 '살아서' 이 세상을 떠나지 못한다. 에미넴 Eminem의 〈루즈 유어셀프〉(Lose Yourself) 같은 현대 대중음악에서 이러한 주제를 만날 수 있다.

원하던 모든 것을 얻을 단 한 번의 기회가 주어진다면 …

그 기회를 잡을 것인가? 아니면 그냥 놓칠 것인가?

기원전 23년 로마의 시인 호라티우스가 쓴 〈송가〉(Odes)에서도 읽을 수 있다. 그는 '카르페 디엠'carpe diem(현재를 즐겨라)이라는 구절을 처음으로 사용한 사람이다. 둘러보면 가사, 문학, 설교, 영화 어느 곳에서든 이러한 구절을 볼 수 있다.

우리는 모두 죽는다. 우리는 이 사실을 알고 있다. 이 땅에서 영원한 존재는 없다. 샘 필립은 죽기 전에 단 한 곡만 부를 수 있다는 말로 조니 캐시를 시험했다.

당신이 아홉 살이든 아흔아홉 살이든 상관없다. 숨을 쉬고 있다면 당신의 '이익'은 아직 실현 가능성이 있다. 자신이 너무 늙었다는 생각이 들면 다이애나 니아드를 보라. 자신이 한참 부족하다는 생각이 들면 카일 메이너드를 보라. 이제는 변명이 아니라 행동에 집중할 때다. 지금이 당신의 '이익'을 알릴 때다.

## 아는 것을 말하라

『묘약 프로젝트』 중 아리에드네의 '이익 의식'에서 진실을 말하는 일에는 아주 많은 것이 달려 있었다. 그녀는 자기 삶이 갈림길에 놓여 있음을 알았고, 주저하지 않았다.

고위 성직자, 대리인 그리고 전 세계 시민 여러분, 오늘 밤 여러분 앞에서 연설하게 되어 영광입니다. 프로젝트를 시작할 때 저 자신과 동료 성직자들 그리고 심지어 엘릭시르에 대해서도 의구심이 있었습니다. 하지만 지난 3일에 걸친 평결 기간에 진실을 깨달았습니다.

저에 대해서는, 두려움은 삶에서 필수적인 부분이며, 결정적인 순간에는 자신의 직감을 믿고 제 마음의 소리를 들어야 한다는 것을 깨달았습니다.

제 동료에 대해서는 우리 각자에게 부족한 점이 있다는 것을 알았습니다. 그리고 정답이나 올바른 질문을 모를 때 솔직하게 대화를 나눠야 더 끈끈하게 뭉칠 수 있다는 것도 알게 되었습니다.

마지막으로 엘릭시르에 대한 진실도 이해했습니다. 제 삼촌 카이가 아주 잘 설명해주었습니다. 카이는 최근에 제게 경고했습니다. '그들이 우리를 지켜보고 있다'라고 말했습니다. 저는 누가 지켜보고 있는지 궁금했습니다. 카이는 '사물은 항상 보이는 모습과 같진 않다'라고 말했습니다. 저는 어떤 사물이 그러한지 궁금했습니다.

그리고 마지막으로 '네 생각을 믿지 말고 네가 아는 것을 믿으라'고 말했습니다. 그래서 저는 제가 아는 것을 말씀드리고자 이 자리에 섰습니다.

이어서 그녀의 결정적 순간이 다가왔다. 아리에드네는 자신의 '이익'을 사람들에게 전달했다.

당신의 행동에 걸려 있는 문제는 아리에드네와 다르지만, 그에 못지않게 크다. 당신 삶은 갈림길에 있지 않더라도 당신이 남길 유산은 그러하다. 앞으로 당신이 행하는 일은, 마르쿠스 아우렐리우스의 말을 빌리자면, "후세에 영원히 울려 퍼질 것이다".

# 이익 공유하기

이제 당신의 '이익'을 전달할 때다. 이익 연설을 하는 자신의 모습을 동영상으로 찍어보라.

당신은 혼자가 아니다. 지금이 당신의 결정적 순간이다. 우리는 당신이 새로 얻은 명확성과 용기를 축하하고 격려한다.

## 해킹을 차단하는 이익 연설 과정

1. 자신의 메시지를 동영상으로 남긴다.
2. 온라인에 게시한다.

당신의 생각을 믿지 마라.
당신이 아는 것을 믿어라.

# 창조

## 장애물이 곧 길이 된다

*모든 꿈은 두 번 창조된다. 첫 번째 창조는 정신적으로 이루어진다.*
*모든 발명품, 사업, 건물, 그림은 먼저 우뇌의 상상 속에서 그려진다.*
*두 번째 창조는 물리적으로 이루어진다.*
**마크 배터슨**

마지막 날인 30일 차에 온 것을 환영한다. 아이러니하게도 오늘은 당신의 첫날이기도 하다. 우리는 전체 순환 주기를 돌았다. 기억할지 모르겠지만, 10일 차의 키워드 역시 '창조'였다. 일부러 같은 제목을 붙였다.

모든 아이디어는 두 번 창조된다. 첫 번째 창조는 정신적으로, 두 번째 창조는 물리적으로 이루어진다. 둘은 동시에 존재하며, 당신이 해킹당하지 않는다면 아이디어를 실체화하는 데 드는 시간과 공간은 크게 상관없다.

시작 부분에서 언급했던 '아브라카다브라'의 정의를 떠올려보라. 아이디어 발상과 실현 사이에 간극이 없다는 의미를 음미해보라.

말한 대로 이루어지리라.

말하는 대로 창조하리라.


이것이 바로 해킹 차단력의 힘이다. 30가지 과제를 완수했으니, 처음으로 돌아가 이 과정을 반복할 것이다. 자신의 '이익'을 상상한 다음 그것을 실현할 것이다. 그리고 거기서 멈추지 않을 것이다. 새로운 '이익'을 만든 다음, 완벽한 아이디어 구조, 의도적인 집중 유도, 최상의 실행 활동을 처음부터 다시 수행할 것이다.

자신이 타고난 권리를 절대 잊지 마라. 우리는 창조하기 위해 태어났고, 창조를 실행하는 일이야말로 천부적 소명을 달성하는 일이다.

일과 삶을 향한 열정의 정도를 보면 차이를 알 수 있다. 진정한 열정이 부족하다면 타고난 욕망이 아닌 다른 원천에서 추진력을 얻고 있다는 뜻이다. 의무감? 죄책감? 수치심? 그 원천이 무엇이든 스스로 결정해야 한다.

하지만 열정enthusiasm('신에게 사로잡힌'이라는 의미)에서 추진력을 얻는다면 당신은 해킹을 당하지 않는 존재가 된다.


## 위험을 감수할 가치가 있다

종종 자신의 '이익'을 추구할 때 남들이 나를 어떻게 생각할지 걱정한다. 사실은 아무도 관심이 없다. 그들 모두 자신에게 집중하느라 바쁘기 때문이다. 진정한 사상가, 시인, 과학자, 예술가, 영화감독은 이 사실을 더 잘 알고 있다.

내가 좋아하는 영화《트리 오브 라이프》(The Tree of Life)는 2011년에

개봉했다. 실험 영화로 분류된 작품이다. 테런스 맬릭Terrence Malick이 각본과 연출을 맡은 이 영화는 "1950년대 텍사스에 살았던 한 중년 남성의 어린 시절 기억을 되짚으면서 우주의 기원과 지구 생명의 시초를 형상화하는 이미지를 곳곳에 나열해 삶의 기원과 의미를 탐구한다".[105]

2012년 1월 이 영화는 아카데미상 3개 부문(최우수 작품상, 최우수 감독상, 최우수 영화상) 후보에 올랐다. 많은 비평가가 이 영화를 좋아했지만, 어떤 이들은 극도로 싫어했다.

'이익'을 추구해본 사람이라면 이런 반응에 익숙하다. '이익'을 창조하는 일은 위험을 수반하며 엇갈린 평가를 불러일으킨다. 당신이 나아갈 길은 순탄하지 않을 것이고 그 길에서 저항을 마주할 것이다. 하지만 결국 그만한 가치가 있을 것이다.

시간이나 시기에 얽매이지 마라. 행동하고 '이익'을 창조하기 시작할 때 완벽한 연관성이나 자원을 기대하지 마라. 짐 론이 처음 언급한 '의도성 체감 법칙'The Law of Diminishing Intent은 사실이다. "행동을 미룰수록 행동 가능성은 낮아진다."

## 장관을 연출하라

예술 작품을 살펴보는 것으로 우리 대화를 끝내겠다.

유튜브에서 수 오스틴Sue Austin의 공연을 찾아보라. 〈장관 연출하기〉(Creating the Spectacle! Online-Part 1-Finding Freedom)를 검색하면 찾을 수 있다.[106] 내 글로는 그녀의 꿈을 제대로 표현할 수 없다. 휠체어를 타고 스쿠버 다이빙을 하는 여성을 어떤 말로 설명할 수 있겠는가?

영상을 처음 봤을 때 나는 화면에서 눈을 뗄 수가 없었다. 몽환적인 음악과 어우러진 경이로운 장면은 나를 매료시켰다. 그 순간 내 '이익'을 가로막는 제약은 오직 내 마음속에 존재한다는 사실을 깨달았다.

수 오스틴이 자기 아이디어를 실현하려고 할 때 마주한 장애물을 모두 생각해보라. 그녀는 때때로 자신의 '이익'을 생각하기조차 벅찼을 것이다. 그녀에게는 많은 것이 필요했다.

- 스쿠버 훈련
- 휠체어 개조
- 촬영팀
- 자금 지원
- 홍보

이것은 시작에 불과하다. 목록은 계속 늘어났다. 그녀는 틀림없이 포기할 수도 있었다. 우리도 그런 상황에 공감할 수 있다. 진지하게 '이익'을 생각할 때마다 앞에 놓인 장애물이 유달리 커 보인다.

하지만 장애물 살피는 일은 '이익' 성취에 꼭 필요한 단계다. 댄 설리번은 그 이유를 이렇게 설명한다. "우리 목표에 반대되는 것처럼 보이는 것이야말로 사실 목표를 이루는 데 꼭 필요한 원료다."[107]

## 이익 장애물 = 이익 기회

관점을 바꾸기만 하면 장애물은 기회로 탈바꿈한다. 이러한 새로운 관점으로 수 오스틴의 목록을 살펴보고, 장애물을 극복하기 위한 행동 단계를 확인하라.

- 스쿠버 훈련 = 자격증을 딴다.
- 휠체어 개조 = 휠체어 제조업체에 협찬을 제안한다.
- 촬영팀 = 자선단체에 대한 인식을 새롭게 해주는 영상 작업에 참여했던 촬영팀에 연락한다.
- 자금 지원 = 지원 요청서를 작성한다. 휠체어를 타는 가까운 사람에게 영향을 받은 기부자를 찾는다.
- 홍보 = 보도자료를 작성하고 촬영 현장에 취재진을 초대한다.

나는 내 '이익'을 성취할 때마다 항상 이런 전략을 사용했다. 우선 내 길을 가로막는 모든 장애물이 포함된 긴 목록을 작성한다. 그런 다음 각 장애물의 반대편에 기회를 적는다. 장애물을 한 번에 하나씩 극복할 때마다 이익에 더 가까이 다가간다.

이는 새로운 전략은 아니지만, 마르쿠스 아우렐리우스의 명언으로 알 수 있듯이 스토아철학 등 고대부터 실전에서 입증된 주문이다. "행동을 가로막는 장애물은 행동을 앞당긴다. 길을 가로막는 장애물은 곧 길이 된다."

오늘날 진리를 추구하는 사람들은 라이언 홀리데이<sup>Ryan Holiday</sup>가 신세대를 위해 새로 고친 이 현명한 조언을 다시 찾고 있다. 그는 이 조언을 자신의 베스트셀러 책 제목이기도 한 '장애물이 곧 길이다'<sup>The obstacle is the way</sup>로 압축했다.

그러한 의미에서 이제 '길'이 될 장애물과 당신의 '이익'을 성취하기 위해 나아가야 할 방향을 파악할 때다.

# 장애물이 곧 길이 된다

조용한 공간에서 깊은 생각에 잠겨보라. 당신의 길을 가로막는 장애물을 모두 나열하라. 실제 종이에 적는 것이 이상적이다. 휴대폰이나 태블릿을 사용해 생각을 기록한다면 알림, 문자, 전화에 해킹당하지 않도록 주의하라(비행기 모드를 활성화하면 좋다).

## 이익 장애물

이제 각각의 장애물을 기회로 바꿔보자. 기회로 탈바꿈한 장애물 목록은 당신이 다음으로 실천해야 할 최선의 단계가 된다. 이를 위해 취할 명확하고 생산적인 행동을 나열하라.

## 이익 기회

# 미주

1  Winnick, Michael. "Putting a Finger on Our Phone Obsession." dscout. Accessed April 8, 2020. https://blog.dscout.com/ mobile-touches.

2  Loder, Vanessa. "Why Multi-Tasking Is Worse Than Marijuana for Your IQ." *Forbes Magazine*, July 16, 2014. https://www.forbes.com/sites/vanessaloder/2014/06/11/why-multi-tasking-is-worse-than-marijuana-for-your-iq/#261a6 36c7c11.

3  Jag. "How To Watch Netflix On TV," March 29, 2020. https://www.reelnreel.com/watch-net-flix-on-tv/.

4  Story, Louise. "Anywhere the Eye Can See, It's Likely to See an Ad." *The New York Times*, January 15, 2007. https://www.nytimes.com/2007/01/15/business/ media/15everywhere.html.

5  Lang, Susan S. "'Mindless Autopilot' Drives People to Dramatically Underestimate How Many Daily Food Decisions They Make, Cornell Study Finds." *Cornell Chronicle*, December 22, 2006. https://news.cornell.edu/stories/2006/12/mindless-autopilot-drives-people-underestimate-food-decisions.

6  *Star Wars* Origins—Joseph Campbell and the Hero's Journey. Accessed April 9, 2020. http://www.moongadget.com/origins/myth.html.

7  Leroy, Sophie. "Why Is It So Hard to Do My Work? The Challenge of Attention Residue When Switching between Work Tasks." Organizational Behavior and Human Decision Processes. Academic Press, May 23, 2009. https://www.sciencedirect.com/science/article/abs/pii/S0749597809000399.

8  Nin, Anaïs and Anita Jarczok. *Seduction of the Minotaur*. Athens, OH: Swallow Press/Ohio University Press, 2014.

9  Hyman, Ira E. "Remembering the Future." *Psychology Today*. Sussex Publishers, June 17, 2013. https://www.psychologytoday.com/us/blog/mental-mishaps/201306/ remembering-the-future.

10  M, Mateusz. "Resiliency—Motivational Video." YouTube Video, 2:09, July 15, 2015. https://www.youtube.com/watch?v=UNQhuFL6CWg.

11  Lukas Kaeonin. "Lindsey Stirling America's Got Talent." April 27, 2012. Video, 7:29. https://www.youtube.com/ watch?v=M2xL7D5lPAk.

12  Moraski, Lauren. "'America's Got Talent' Asked Lindsey Stirling to Compete Again. Here's What She Said." *HuffPost*. December 20, 2018. https://www.huffpost.com/entry/ lindsey-stirling-americas-got-talent_n_5c1941ffe4b0432554c4fe6e.

13  Fueled By Ramen. "twenty one pilots: Ode to Sleep [OFFICIAL VIDEO]." YouTube Video, 6:25,

December 31, 2014. https://www.youtube.com/watch?v=2OnO3UXFZdE.

14  Hutchison, Courtney. "Armless, Legless Man to Climb Mount Kilimanjaro." ABC News. October 13, 2011. https://abcnews.go.com/Health/WellnessNews/armless-legless-man-climb-mount-kilimanjaro-prosthetic-limbs/story?id=14731056.

15  Estep, Kyle. "Kyle Maynard's Next Adventure: Kilimanjaro." *Gwinnett Daily Post*. November 11, 2011. https://www.gwinnettdailypost.com/archive/kyle-maynard-s-next-adventure-kilimanjaro/article_007d2e03-94c6-5e00-a045-46f36ab1b5c7.html.

16  Dorong, Desiree. "Man Born Without Hands and Feet Climbed Two of the Highest Peaks in the World!" Crossmap Story. Accessed July 6, 2020. https://story.crossmap.com/man-born-without-hands-and-feet-climbed-two-of-the-highest-peaks-in-the-world-definitely-t here-is-no-excuses-in-dreaming-high/.

17  Azuz, Carl. "Record-Breaking Cold Hits America; Near Record Floods Swamp Venice; Athlete Embodies 'No Excuses'; Objective Look at the U.S. Political Divide." CNN. November 14, 2019. http://transcripts.cnn.com/TRANSCRIPTS/1911/14/sn.01.html.

18  Merali, Zeeya. "Quantum 'Spookiness' Passes Toughest Test Yet." *Nature, International Weekly Journal of Science*. August 27, 2015.
   https://www.nature.com/news/quantum-spookiness-passes-toughest-test-yet-1.18255.

19  MuonRay. "Overview of Quantum Entanglement—Einstein Versus Bohr." MuonRay. *Science, Technology, Investigation, Experimentation and Visualization: Irradiate Yourself with MuonRay*. September, 8, 2014.
   http://muonray.blogspot.com/2014/09/overview-of-quantum-entanglement.html

20  "Write Yourself a Check." CBN. Accessed May 17, 2020.
   https://www1.cbn.com/700club/write-yourself-check.

21  Vance, Mike and Diane Deacon. *Think Out of the Box*. Career Pr Inc, 1997.

22  Luke 22:44

23  John 17:24

24  Jobs, Steve. "'You've Got to Find What You Love,' Jobs Says." Stanford. *Stanford News*. June 12, 2005. https://news.stanford. edu/2005/06/14/jobs-061505/.

25  Khanna, Parag and Karan Khemka. "The coronavirus butterfly effect: Six predictions for a new world order." *Fast Company*. April 14, 2020.
   https://www.fastcompany.com/90488665/the-coronavirus-butterfly-effect-six-prediction s-for-a-new-world-order.

26  Russel Schilling, David. "Knowledge Doubling Every 12 Months, Soon to be Every 12 Hours." *Industry Tap*. April 19, 2013. https://www.industrytap.com/knowledge-doubling-every-12-months-soon-to-be-every-12-hours/3950.

27  Lodestar Solutions. "How Fast Is Knowledge Doubling?" Accessed July 6, 2020. https://lodestar-solutions.com/keeping-up-with-the-surge-of-information-and-human-kno wledge/.

28  Siegler, MG. "Eric Schmidt: Every 2 Days We Create As Much Information As We Did Up to 2003." TechCrunch. August 4, 2010. https://techcrunch.com/2010/08/04/schmidt-data/.

29    Russel Schilling, David. "Knowledge Doubling Every 12 Months, Soon to be Every 12 Hours."

30    Weinschenk, Ph.D., Susan. "Why We're All Addicted to Texts, Twitter and Google." *Psychology Today*. September 11, 2012. https://www.psychologytoday.com/us/blog/brain-wise/201209/why-were-all-addicted-texts-twitter-and-google.

31    "25 Surprising Facts About Phone Addiction." Addiction Tips. February 22, 2015. https://www.addictiontips.net/ phone-addiction/phone-addiction-facts/

32    "'Phantom vibration syndrome' common in cellphone users." CBS News. January 12, 2016. https://www.cbsnews.com/news/phantom-vibration-syndrome-common-in-cellphone-users/.

33    Van Camp, Jeffrey. "New study: Average teen sends 3,339 texts every month." *Digital Trends*. October 15, 2010. https://www. digitaltrends.com/mobile/new-study-average-teen-sends-3339-texts-every-month/.

34    Keating, Lauren. "Survey Finds Most People Check Their Smartphones Before Getting Out Of Bed In The Morning." *Tech Times*. March 2, 2017. https://www.techtimes.com/articles/199967/20170302/survey-finds-people-check-smartphones-before-getting-out-bed.htm.

35    Keating, Lauren. "Survey Finds Most People Check Their Smartphones Before Getting Out Of Bed In The Morning."

36    Price, Rob. "1 in 3 people check their smartphones in the middle of the night." *Insider*. September 26, 2016. https://amp.insider.com/1-in-3-people-check-smartphones-night-deloitte-study-2016-9.

37    Manglik, Rohit. IGNOU OPENMAT Entrance Exam 2020. Lucknow, India: EduGorilla, 2020.

38    Archer, M.D., Dale. "Smartphone Addiction." *Psychology Today*. July 25, 2013. https://www.psychologytoday.com/us/blog/reading-between-the-headlines/201307/smartphone-addiction.

39    Elmore, Tim. "Nomophobia: A Rising Trend in Students." *Psychology Today*. September 18, 2014. https://www.psychologytoday.com/us/blog/artificial-maturity/201409/ nomophobia-rising-trend-in-students.

40    Grothaus, Michael. "What Happened When I Gave Up My Smartphone For A Week." *Fast Company*. July 21, 2016. https://www.fastcompany.com/3061913/what-happened-when-i-gave-up-my-smartphone-for-a-week.

41    McClear, Sheila. "This exact percentage of people regularly bring their phones into the bathroom." Ladders: Fast on Your Feet. November 21, 2019. https://www.theladders.com/career-advice/this-exact-percentage-of-people-regularl y-bring-their-phones-into-the-bathroom.

42    Murphy, Samantha. "1 in 10 Americans Use Smartphones During Sex." *Mashable*. July 11, 2013. https://mashable.com/2013/07/11/smartphones-during-sex/.

43    Rodriguez, Salvador. "Most adults always have smartphone nearby, 1 in 10 use it during sex." *Los Angeles Times*. July 11, 2013. https://www.latimes.com/business/technology/la-fi-tn-smartphone-nearby-1-in-10-use-during-sex-20130711- story.html

44    Howard, Laken. "How Many Americans Choose Their Phone Over Sex." *Bustle*. July 20, 2016. https://www.bustle.com/articles/173347-nearly-one-in-three-americans-would-rathergive-up-sex-than-their-smartphone.

45    Rodriguez, Salvador. "Most adults always have smartphone nearby, 1 in 10 use it during sex."

46    Ibid.

47    Penn State University. "Cell Phones Are Controlling Our Lives." January 28, 2016. https://sites. psu.edu/taylorariety/2016/01/28/cell-phones-are-controlling-our-lives/.

48    NPR Staff. "In A World That's Always On, We Are Trapped In The 'Present.'" *NPR*. March 25, 2013. https://www.npr.org/2013/03/25/175056313/in-a-world-thats-always-on-we-are-trapped-in-the-present.

49    FireMetalMan. "Digiphrenia." Urban Dictionary. March 12, 2017. https://www.urbandictionary. com/define.php?term=digiphrenia.

50    Fisher, MD, Robert E. "'Digiphrenia'—Coping with Digital Information Overload." ASCO Connection. September 25, 2013. https://connection.asco.org/blogs/%E2%80%9Cdigiphre-nia%E2%80%9D%E2%80%94coping-digital-information-o verload.

51    Ducharme, Jamie. "'Phubbing' Is Hurting Your Relationships. Here's What It Is." *Time*. March 29, 2018. https://time.com/5216853/what-is-phubbing/

52    Wikipedia. "Phubbing." Accessed June 25, 2020. https://en.wikipedia.org/wiki/Phubbing.

53    Ducharme, Jamie. "'Phubbing' Is Hurting Your Relationships. Here's What It Is."

54    World of Buzz. "Man Who Was Staring At His Phone Died From Walking Off A Cliff." December 27, 2015. https://worldofbuzz.com/man-who-was-staring-at-his-phone-died-from-walk-ing-off-a-cliff/

55    Edgar Snyder & Associates. "Texting and Driving Accident Statistics." Accessed June 25, 2020. https://www.edgarsnyder.com/car-accident/cause-of-accident/cell-phone/ cell-phone-statis-tics.html.

56    Stewart Law Offices. "Is Texting While Driving as Dangerous as Drunk Driving?" October 3, 2018. https://www.stewartlawoffices.net/is-texting-while-driving-as-dangerous-as-drunk-driv-ing/.

57    Parkinson, Cyril Northcote. "Parkinson's Law." *The Economist*. November 19, 1955. https://www. economist.com/news/1955/11/19/parkinsons-law.

58    'Falconer, Joel. "How to Use Parkinson's Law to Your Advantage." Lifehack. Accessed June 25, 2020. https://www.lifehack.org/articles/featured/how-to-use-parkinsons-law-to-your-advan-tage.html

59    Covey, Stephen. *The 7 Habits of Highly Effective People: Powerful Lessons in Personal Change*. New York, NY: Simon & Schuster, 2013.

60    Tracy, Brian. "Make Every Minute Count." Brian Tracy International. Accessed June 25, 2020. https://www.briantracy.com/blog/business-success/make-every-minute-count/.

61    Leroy, Sophie. "Why Is It so Hard to Do My Work? The Challenge of Attention Residue When Switching between Work Tasks." *Organizational Behavior and Human Decision Processes* 109, no. 2 (2009): 168–81. https://doi.org/10.1016/j. obhdp.2009.04.002.

62    MindTools. "Cognitive Load Theory: Helping People Learn Effectively." Accessed July 6, 2020. https://www.mindtools.com/pages/article/cognitive-load-theory.htm.

63    Krockow, Ph.D., Eva. "How Many Decisions Do We Make Each Day?" *Psychology Today*. September 27, 2018. https:// www.psychologytoday.com/us/blog/stretching-theory/201809/ how-many-decisions-do-we-make-each-day.

64    Williams, Ray. "How Neuroscience Can Help Us Make Better Decisions." Ray Williams. Accessed June 25, 2020. https://raywilliams.ca/neuroscience-can-help-us-make-better-decisions/.

65    Lewis, Michael. "Obama's Way." *Vanity Fair*. September 11, 2012. https://www.vanityfair.com/news/2012/10/ michael-lewis-profile-barack-obama.

66    Oberbrunner, Kary. "OPUS." Kary Oberbrunner. Accessed June 25, 2020. https://karyoberbrunner.com/opus. OPUS was created by Chet Scott of BuiltToLead.com

67    Sullivan, Dan. "Strategic Coach Workshop." Toronto, Canada. Strategic Coach. Workshop Lecture, January 13, 2020.

68    The Oracles. "Warren Buffet Says the Secret to Success Is Saying 'No.' Do Experts Agree?" *Money*. May 8, 2019. https://money. com/warren-buffett-says-no-to-everything/.

69    Built to Lead. https://builttolead.com/.

70    Ryan, Tom. *Chosen Suffering: Becoming Elite in Life and Leadership*. Powell, OH: Author Academy Elite, 2020. This quote taken from the book and an interview with the author.

71    Wikipedia. "Sensory overload." Accessed June 25, 2020. https://en.wikipedia.org/wiki/Sensory_overload.

72    Stevens, Susan and Wayne A. Hening. *Textbook of Clinical Neurology*. Amsterdam, Netherlands: Elsevier, 2007.

73    DiSalvo, David. "Your Brain Sees Even When You Don't." *Forbes*. June 22, 2013. https://www.forbes.com/sites/daviddisalvo/2013/06/22/your-brain-sees-even-when-you-dont/#16a66a-8d116a.

74    Encyclopaedia Britannica. "Physiology." Accessed June 25, 2020. https://www.britannica.com/science/information-theory/Physiology.

75    Hill, Napoleon. *Think and Grow Rich*. Shippensburg, PA: Sound Wisdom, 1937.

76    Proverbs 23:7 NASB.

77    Radparvar, Dave. "Neurons that fire together, wire together." Holstee. Accessed June 25, 2020. https://www.holstee.com/blogs/mindful-matter/neurons-that-fire-together-wire-together#:~:-text=%E2%80%9CNeurons%20that%20fire%20together%2C%20wire,gratitude%20can%20be%20so%20powerful.&text=Neuropsychologist%20Donald%20Hebb%20first%20used,-formed%20and%20reinforced%20through%20repetition.

78    Orenstein, Hannah. "These Horrifyingly Messy Desktops Will Give You So Much Anxiety." *Seventeen*. July 26, 2017. https://www.seventeen.com/life/a10359190/these-horrifying-ly-messy-desktops-will-giv e-you-so-much-anxiety/.

79    Stokes, Natasha. "15 Reasons Why Your Computer is Slow." *Techlicious*. April 4, 2019. https://www.techlicious.com/tip/ reasons-why-your-computer-is-slow/.

80    Oberbrunner, Kary. *The Deeper Path*. Powell, OH: Author Academy Elite, 2018.

81    Tierney, John. "The Advantages of Closing a Few Doors." *The New York Times*. February 26,

2008. https://www.nytimes.com/2008/02/26/science/26tier.html.

82  Nin, Anaïs. *Seduction of the Minotaur*. Chicago, IL: 1973.

83  Allen, James. *The Complete Works of James Allen*. Prague, Czech Republic: e-artnow, 2019.

84  Hill, Napoleon. *Think and Grow Rich*. Shippensburg, PA: Sound Wisdom, 1937.

85  Asprey, Dave. "Transcript of 'The Rise of Superman with Steven Kotler.'" *Bulletproof: The State of High Performance*. Podcast transcript, April 1, 2014. https://blog.daveasprey.com/wp-content/uploads/2014/04/Transcript-109-The-Rise-of-Superman-with-Steven-Kotler.pdf.

86  Johns Hopkins Medical Institutions. "This Is Your Brain On Jazz: Researchers Use MRI To Study Spontaneity, Creativity." ScienceDaily. www.sciencedaily.com/releases/2008/02/080226213431.htm (accessed June 27, 2020).

87  Geirland, John. "Go With The Flow." *Wired*. September 1, 1996. https://www.wired.com/1996/09/czik/.

88  Couric, Katie. "Capt. Sully Worried About Airline Industry." CBS News. February 10, 2009. https://www.cbsnews.com/news/capt-sully-worried-about-airline-industry/.

89  Weir, Peter. *Dead Poets Society*. June 2, 1989. Burbank, CA: Touchstone Pictures.

90  Harvard Business Review, Karen Dillon, Amy Gallo. *HBR Guides to Emotional Intelligence at Work Collection*. Boston, MA: Harvard Business Review Press, 2017.

91  Hampton, Debbie. "Neuroplasticity: The 10 Fundamentals Of Rewiring Your Brain." Reset.me. October 28, 2015. https://reset.me/story/neuroplasticity-the-10-fundamentals-of-rewiring-your-brain/.

92  Cambridge University. "Brain activity in sex addiction mirrors that of drug addiction." Accessed July 2, 2020. https://www.cam.ac.uk/research/news/brain-activity-in-sex-addiction-mirrors-that-of-drug-addiction

93  Kotler, Steven. "Is The Secret To Ultimate Human Performance The F-Word?" *Forbes*. January 8, 2014. https://www.forbes.com/sites/stevenkotler/2014/01/08/the-research-is-in-a-four-letter-word-that-starts-with-f-is-the-real-secret-to-ultimate-human-performance/#4b1bf28b227f.

94  MTV News. "Gymnastics Have Changed for the Better | Rio Olympics | MTV News." August 15, 2016. Video, 0:49. https://www.youtube.com/watch?v=btHeD_uVLLI.

95  Zachos, Elaina. "See What It's Like to Ride the Tallest Wave Ever Surfed." *National Geographic*. April 30, 2018. https://www.nationalgeographic.com/news/2018/04/surf-biggest-wave-record-breaking-award-culture-spd/.

96  Ryan, Tom. *Chosen Suffering: Becoming Elite in Life and Leadership*. Powell, OH: Author Academy Elite, 2020.

97  Two Scoops of Business. "How To Get Into The Flow State." December 2, 2017. https://twoscoopsofbusiness.com/how-to-get-into-the-flow-state.

98  Sleeping At Last. "Sleeping At Last - 'Saturn' (Official Music Video)." June 28, 2016. Video, 4:49. https://www.youtube.com/watch?v=dzNvk80XY9s.

99  Wikipedia. "Autotelic." Accessed July 3, 2020. https://en.wikipedia.org/wiki/Autotelic.

100 Kennedy, John F. "Address at Rice University on the Nation's Space Effort." Speech, Rice Uni-

versity, Houston, TX, September 12, 1962.

101  Walsh, Michael. "Diana Nyad reveals what was going through her head during 53-hour 'Xtreme dream' swim." *New York Daily News*. September 4, 2013. https://www.nydailynews.com/news/national/diana-nyad-opens-xtreme-dream-swim-cuba-florida-article-1.1445880.

102  Santos, Jefferson. *Higher Life Design: Arriving at Your Intended Destination Healthy, Wealthy, and Happy*. New York, NY: Morgan James Publishing, 2015.

103  Sharma, Raja. *Walt Whitman's Poetry: An Analytical Approach*. 2010.

104  Mangold, James. *Walk the Line*. Burbank, CA: Fox 2000 Pictures, 2005.

105  Wikipedia. "*The Tree of Life* (film)." Accessed July 9, 2020. https://en.wikipedia.org/wiki/The_Tree_of_Life_(film).

106  Freewheeling4. "'Creating the Spectacle!' Online - Part 1 - Finding Freedom." August 17, 2012. Video, 4:43. https://www.youtube.com/watch?v=IPh533ht5AU.

107  Sullivan, Dan. "How to Harness the Power of Negative Thinking." Strategic Coach®. Accessed July 4, 2020. https://resources.strategiccoach.com/the-multiplier-mindset-blog/ how-to-harness-the-power-of-negative-thinking.

# 몰입의 완성
### 당신의 꿈과 실행의 격차를 메워줄 30일 몰입 특급 솔루션

**1판 1쇄 발행** 2022년 2월 25일
**1판 2쇄 발행** 2023년 3월 17일

**발행인** 박명곤  **CEO** 박지성  **CFO** 김영은
**기획편집** 채대광, 김준원, 박일귀, 이승미, 이은빈, 이지은, 성도원
**디자인** 구경표, 임지선
**마케팅** 임우열, 김은지, 이호, 최고은
**펴낸곳** (주)현대지성
**출판등록** 제406-2014-000124호
**전화** 070-7791-2136  **팩스** 0303-3444-2136
**주소** 서울시 강서구 마곡중앙6로 40, 장흥빌딩 10층
**홈페이지** www.hdjisung.com  **이메일** main@hdjisung.com
**제작처** 영신사

ⓒ 현대지성 2022

> "Inspiring Contents"
> 현대지성은 여러분의 의견 하나하나를 소중히 받고 있습니다.
> 원고 투고, 오탈자 제보, 제휴 제안은 main@hdjisung.com으로 보내 주세요.

현대지성 홈페이지